현지에서 바로 먹히는↘

나의 첫 **여행 스페인어**

SPANISH

동양북스 콘텐츠기획팀 · 황순양 지음

📖동양북스

초판 4쇄 발행 | 2023년 10월 1일

지은이 | 교재기획팀 · 황순양
발행인 | 김태웅
책임 편집 | 권민서
디자인 | 원더랜드(Wonderland)
마케팅 총괄 | 김철영
제　작 | 현대순

발행처 | (주)동양북스
등　록 | 제 2014-000055호(2014년 2월 7일)
주　소 | 서울시 마포구 동교로22길 14 (04030)
전　화 | (02)337-1737
팩　스 | (02)334-6624

http://www.dongyangbooks.com

ISBN 979-11-5768-412-0 13770

이 도서의 국립중앙도서관 출판예정도서목록(CIP)은 서지정보유통지원시스템 홈페이지(http://seoji.nl.go.kr)와
국가자료공동목록시스템(http://www.nl.go.kr/kolisnet)에서 이용하실 수 있습니다.
(CIP제어번호:CIP2018021194)

Travel makes one modest.
You see what a tiny place you
occupy in the world.
여행은 인간을 겸손하게 만들어요.
당신이 살고 있는 곳이 이 세상에서 얼마나 작은지를 알게 해주거든요.

The world is a book and those who do not
travel read only one page.
이 세상은 한 권의 책과 같아서 여행을 하지 않는 사람은
인생이라는 책을 겨우 한 페이지만 읽은 사람이에요.

The real travel consists not in seeking new
landscapes but in having new eyes.
진정한 여행이란 새로운 경치를 찾는 게 아니라 새로운 시각을 갖는 데 있어요.

때로는 독서보다 여행이 필요할 때가 있습니다.
여행은 세상 사람들과의 소통을 시켜주는
또 다른 통로이기 때문입니다.
여행을 하기 위해서는 안내자가 필요한데,
이 책이 그 역할을 충분히 할 것입니다.
이 책은 현지인과 의사소통을 위한
좋은 길잡이가 될 것입니다.

: 차례 :

이 책의 구성 및 특징 · 6

: 이 책의 구성 및 특징 :

『나의 첫 여행 스페인어』는 스페인에서 바로 쓸 수 있는 표현을 엄선하여 기내에서, 공항에서, 호텔에서, 스페인 각지에서 장소에 맞는 대화를 할 수 있게 구성하였습니다. 스페인어를 잘 몰라도 사용할 수 있게 한국어 발음 도 함께 표기하였습니다.

※표기법 – 책에 나오는 외국어 인명, 음식명, 지명의 한글 표기는 '외래어 표기법'을 기준으로 하되, 대중적인 명칭과 독음을 혼용하여 표기를 허용했습니다.

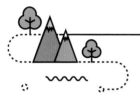

★ 생존 단어
사진을 보고 한눈에 찾아 볼 수 있도 록 여행에서 꼭 필요한 단어만 모아 놓아 필요할 때마다 손쉽게 찾을 수 있습니다.

★ 생존 패턴 10
'~은 어디예요?', '~을 주세요' 등 현지에서 꼭 필요한 패턴 10가지만 뽑아 정리하였습니다.

★ 바로 쓰는 문장
상대방이 하는 말과 내가 가서 할 말 을 정리해 넣었습니다.

★ 핵심 표현
가장 필요한 핵심 표현을 넣었습니다. 이 표현은 꼭 알고 가세요!

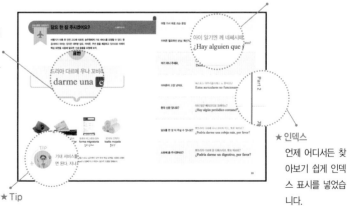

★ 인덱스
언제 어디서든 찾 아보기 쉽게 인덱 스 표시를 넣었습 니다.

★ Tip
여행 가기 전 알고 가면 좋을 Tip을 정리하였습니다.

★ SPAIN CULTURE

스페인에 가서 무엇을 먹을
지, 어디에 머물면 좋을지,
무엇을 사면 좋을지에 대한
다양한 주제로 내용을 구성
하였습니다.

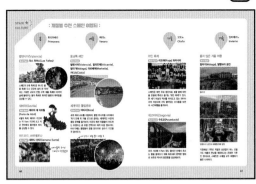

『나의 첫 여행 스페인어』 부록

1. 무료 MP3 파일 제공!

- 스마트폰 : 스마트폰으로 QR 코드를 스캔하면, 다운로드 하지 않고
  본문 음성을 바로 들을 수 있습니다.
- PC : 동양북스 홈페이지(www.dongyangbooks.com)에서 별도의
  회원 가입 없이 무료로 다운로드 할 수 있습니다.

2. '나의 여행 메이트(핸드북)' 제공!

여행 갈 때, 가볍게 챙겨갈 수 있는 핸드북입니다. 현지에서 바로 사용할 수 있게 생존
표현 20문장을 넣었습니다. 부록에 들어가는 생존 표현에는 다른 여행객들과의 소통을
위한 영어 표현도 함께 표기하였습니다. 생존 표현 이외에도 '입국 심사서 작성법', '데
일리 스케줄 표' 등을 넣어 여행에 필요한 메모를 할 수 있게 구성하였습니다.

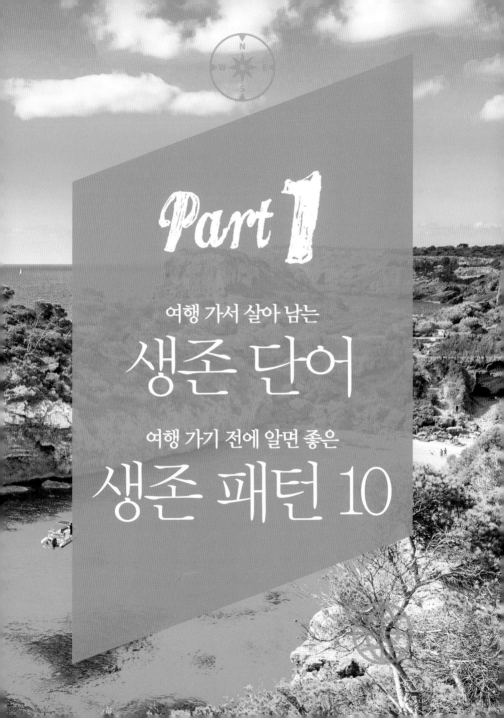

Part 1

여행 가서 살아 남는

생존 단어

여행 가기 전에 알면 좋은

생존 패턴 10

⬜ (으)로 주세요.

데메 ⬜.
Deme ⬜.

🎧 MP3 01-01

꼬까꼴라
Coca Cola
콜라

에스쁘라잇
Sprite
사이다

아구아 미네랄
agua mineral
생수

후고 데 나랑하
jugo de naranja
오렌지 주스

빠뉴엘로스 데 빠뻴
pañuelos de papel
티슈

볼리그라포
bolígrafo
볼펜

레비스따
revista
잡지

삐리오디꼬
periódico
신문

찰레꼬 살바비다스
chaleco salvavidas
구명조끼

입국심사대에서

입국 목적은 ▮ 입니다.

엘 쁘로뽀시또 데 미 비시따 에스 ▮.

El propósito de mi visita es ▮.

🎧 MP3 01-02

비아헤 데 네고씨오스
viaje de negocios
출장

에스뚜디아르
estudiar
공부

뚜리스모
turismo
관광

비시따르 아 아미고스
visitar a amigos
친구 방문

비시따르 아 빠리엔떼스
visitar a parientes
친척 방문

아씨스띠르 아 우나 꼰페렌씨아
asistir a una conferencia
회의 참석

Part 1

쓸모 단어

11

아이 ▇▇ 엘 라 아비따씨온?

방 안에 ▇▇ 있나요? ¿Hay ▇▇ en la habitación?

♪ MP3 01-03

레프리헤라도르
refrigerador
냉장고

렐로흐
reloj
시계

아페이따도라 데쓰까르따블레
afeitadora descartable
일회용 면도기

벤따나
ventana
창문

또아야
toalla
타월

발꼰
balcón
발코니

꾸아르또 데 바뇨
cuarto de baño
화장실

바녜라
bañera
욕조

12

이 근처에 ▧▧▧ 있나요?

아이 ▧▧▧ 쎄르까 데 아끼?
¿Hay ▧▧▧ cerca de aquí?

🎧 MP3 01-04

운 까헤로 아우또마띠꼬
un cajero automático
ATM기

우나 까사 데 깜비오
una casa de cambio
환전소

운 방꼬
un banco
은행

우나 파르마씨아
una farmacia
약국

운 바르
un bar
술집

운 수뻬르메르까도
un supermercado
슈퍼마켓

운 그란 알마쎈
un gran almacén
백화점

우나 띠엔다 데 꼰베니엔씨아
una tienda de conveniencia
편의점

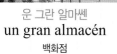

13

[ ] 좀 주시겠어요?

뽀드리아 다르메 [ ], 뽀르 파보르?
¿Podría darme [ ],
por favor?

🎧 MP3 01-05

살사 데 쏘하
salsa de soja
간장

께츕
kétchup
케첩

살
sal
소금

삐미엔따
pimienta
후추

아쎄이떼 데 올리바
aceite de oliva
올리브 기름

비나그레 발사미꼬
vinagre balsámico
발사믹 식초

운 쁠라또
un plato
접시

우나 꾸차라
una cuchara
숟가락

엘 메뉴
el menú
메뉴

운 떼네도르
un tenedor
포크

빨리요스
palillos
젓가락

14

▓▓ 을 사고 싶은데요.

끼에로 꼼쁘라르 ▓▓.
Quiero comprar ▓▓.

🎧 MP3 01-06

뻰디엔떼스
pendientes
귀고리

운 빠라구아스
un paraguas
우산

씨가리요스
cigarrillos
담배

운 아니요
un anillo
반지

운 엔쎈데도르
un encendedor
라이터

운 렐로흐 데 뿔쎄라
un reloj de pulsera
손목시계

운 솜브레로
un sombrero
모자

우나 까미세따
una camiseta
티셔츠

꼬스메띠꼬스
cosméticos
화장품

빤딸로네스 바께로스
pantalones vaqueros
청바지

사빠띠야스 데 데뽀르떼
zapatillas de deporte
운동화

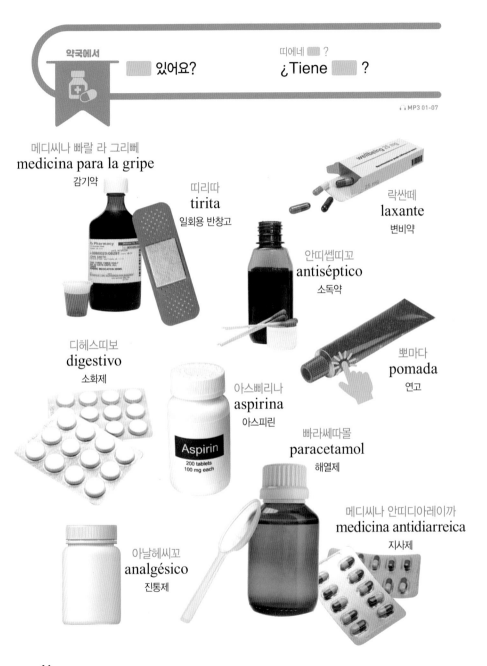

띠에네 ▨ ?
¿Tiene ▨ ?

▨ 있어요?

🎧 MP3 01-07

메디씨나 빠랄 라 그리뻬
medicina para la gripe
감기약

띠리따
tirita
일회용 반창고

락싼떼
laxante
변비약

안띠쎕띠꼬
antiséptico
소독약

디헤스띠보
digestivo
소화제

뽀마다
pomada
연고

아스삐리나
aspirina
아스피린

빠라쎄따몰
paracetamol
해열제

메디씨나 안띠디아레이까
medicina antidiarreica
지사제

아날헤씨꼬
analgésico
진통제

Aspirin
200 tablets
100 mg each

 가 아파요.

메 두엘레 ▦ . / 메 두엘렌 ▦ .
Me duele ▦ (단수명사).
Me duelen ▦ (복수명사).

🎧 MP3 01-08

로스 오호스
los ojos
눈

라 까베싸
la cabeza
머리

엘 에스또마고
el estómago
위

엘 옴브로
el hombro
어깨

로스 디엔떼스
los dientes
치아

라 씬뚜라
la cintura
허리

라 가르간따
la garganta
목

Part 1

어휘 단어

은 어디 있나요?　¿Dónde está ? 돈데 에스따 ?

화장실은 어디 있나요?

돈데 에스따 엘 바뇨?
¿Dónde está el baño?

지하철역은 어디 있나요?

돈데 에스따 라 에스따씨온 데 메뜨로?
¿Dónde está la estación de metro?

이곳에서 가까운 버스정류장은
어디 있나요?

돈데 에스따 라 빠라다 데 아우또부스 마스 쎄르까나?
¿Dónde está la parada de autobús más
cercana?

탈의실은 어디 있나요?

돈데 에스따 엘 쁘로바도르?
¿Dónde está el probador?

이 식당은 어디 있나요?

돈데 에스따 에스떼 레스따우란떼 엔 엘 마빠?
¿Dónde está este restaurante en el mapa?

▨▨ 주세요.

Deme ▨▨, por favor.
데메 ▨▨, 뽀르 파보르.

물 한 잔 주세요.

데메 운 바소 데 아구아, 뽀르 파보르.
Deme un vaso de agua, por favor.

마드리드 여행지도 한 장 주세요.

데메 운 마빠 데 마드릿, 뽀르 파보르.
Deme un mapa de Madrid, por favor.

메뉴판 주세요.

데메 엘 메누, 뽀르 파보르.
Deme el menú, por favor.

이거랑 이거, 이걸로 주세요.

데메 에스또, 에스또 이 에스또, 뽀르 파보르.
Deme esto, esto y esto, por favor.

영수증 주세요.

데메 엘 레씨보, 뽀르 파보르.
Deme el recibo, por favor.

▆▆해 주시겠어요? ¿Puede ▆▆? 뿌에데 ▆▆?

다시 한번 말해 주시겠어요?
뿌에데 레뻬띠르 오뜨라 베쓰?
¿Puede repetir otra vez?

좀 천천히 말해 주시겠어요?
뿌에데 아블라르 마스 데쓰빠씨오?
¿Puede hablar más despacio?

사진 좀 찍어 주시겠어요?
뿌에데 또마르메 우나 포또?
¿Puede tomarme una foto?

이 주소로 가 주시겠어요?
뿌에데 예바르메 아 에스따 디렉씨온?
¿Puede llevarme a esta dirección?

조금만 비켜 주시겠어요?
뿌에데 모베르쎄 운 뽀꼬?
¿Puede moverse un poco?

있나요?   ## ¿Hay ? 아이 ?

근처에 ATM기가 있나요?

아이 운 까헤로 아우또마띠꼬 쎄르까 데 아끼?
¿Hay **un cajero automático cerca de aquí**?

지사제 있나요?

아이 운 락싼떼?
¿Hay **un laxante**?

창가 쪽 자리 있나요?

아이 운 아씨엔또 알 라도 델 라 벤따니야?
¿Hay **un asiento al lado de la ventanilla**?

다른 거 있나요?

아이 알고 마스?
¿Hay **algo más**?

더 싼 거 있나요?

아이 오뜨로 마스 바라또?
¿Hay **otro más barato**?

 해도 되나요?   ¿Puedo ▨? 뿌에도 ▨?

입어 봐도 되나요?

뿌에도 쁘로바르메 에스또?
¿Puedo **probarme esto**?

카드로 계산해도 되나요?

뿌에도 빠가르 꼰 따르헤따 데 끄레디또?
¿Puedo **pagar con tarjeta de crédito**?

여기에서 사진 촬영해도 되나요?

뿌에도 또마르 우나 포또 아끼?
¿Puedo **tomar una foto aquí**?

자리를 바꿔도 되나요?

뿌에도 깜비아르 엘 아씨엔또?
¿Puedo **cambiar el asiento**?

들어가도 되나요?

뿌에도 엔뜨라르?
¿Puedo **entrar**?

어떻게 해요?　　¿Cómo ? 꼬모 ?

지하철역은 어떻게 가요?

꼬모 쎄 바 알 라 에스따씨온 데 메뜨로?
¿Cómo se va a la estación de metro?

버스표를 어떻게 구입하죠?

꼬모 뿌에도 꼼쁘라르 운 비예떼 데 아우또부스?
¿Cómo puedo comprar un billete de
　autobús?

이건 어떻게 사용해요?

꼬모 쎄 우사 에스또?
¿Cómo se usa esto?

이 음식은 어떻게 먹어요?

꼬모 쎄 꼬메 에스또?
¿Cómo se come esto?

이거 스페인어로 어떻게 말해요?

꼬모 쎄 디쎄 에스또 엔 에스빠뇰?
¿Cómo se dice esto en español?

어디에서 ▨하나요?

¿Dónde puedo ▨?

돈데 뿌에도 ▨?

어디에서 **표를 사나요?**

돈데 뿌에도 꼼쁘라르 운 비예떼?

¿Dónde puedo **comprar un billete**?

어디에서 **전철을 타나요?**

돈데 뿌에도 또마르 엘 메뜨로?

¿Dónde puedo **tomar el metro**?

어디에서 **환승하나요?**

돈데 뿌에도 뜨란스보르다르?

¿Dónde puedo **transbordar**?

어디에서 **돈을 지불하나요?**

돈데 뿌에도 빠가르?

¿Dónde puedo **pagar**?

어디에서 **인터넷을 할 수 있나요?**

돈데 뿌에도 꼬넥따르메 아 인떼르넷?

¿Dónde puedo **conectarme a Internet**?

언제 ▊▊하나요? ¿Cuándo ▊▊? 꾸안도 ▊▊?

언제 **도착**해요?

꾸안도 예가모스?
¿Cuándo llegamos?

+PLUS
□ **출발하다** 살리르
salir

언제 **문을 열어**요?

꾸안도 아브렌 라 뿌에르따?
¿Cuándo abren la puerta?

언제 **문을 닫아**요?

꾸안도 씨에란 라 뿌에르따?
¿Cuándo cierran la puerta?

언제 **끝나**요?

꾸안도 떼르미나?
¿Cuándo termina?

+PLUS
□ **시작하다** 엠뻬싸르
empezar

언제 **이륙**해요?

꾸안도 데스뻬가 엘 아비온?
¿Cuándo despega el avión?

▮▮ 해 주실 수 있나요? ¿Podría ▮▮? 뽀드리아 ▮▮?

한국어 통역을 구해 주실 수 있나요?

뽀드리아 부스까르 운 인떼르쁘레떼 꼬레아노 빠라 미?
¿Podría buscar un intérprete coreano para mí?

택시를 불러 주실 수 있나요?

뽀드리아 야마르메 운 딱씨?
¿Podría llamarme un taxi?

기차표를 예매해 주실 수 있나요?

뽀드리아 레쎄르바르메 운 비예떼 데 뜨렌?
¿Podría reservarme un billete de tren?

식당을 예약해 주실 수 있나요?

뽀드리아 아쎄르 우나 레쎄르바 데 운 레스따우란떼 빠라 미?
¿Podría hacer una reserva de un restaurante para mí?

짐을 보관해 주실 수 있나요?

뽀드리아 구아르다르 미 에끼빠헤?
¿Podría guardar mi equipaje?

10

▨▨하고 싶어요.　　　　Quiero ▨▨. 끼에로 ▨▨.

이걸 사고 싶어요.	끼에로 꼼쁘라르 에스또. Quiero comprar esto.
예약하고 싶어요.	끼에로 아쎄르 우나 레쎄르바씨온. Quiero hacer una reservación.
버거를 먹고 싶어요.	끼에로 꼬메르 우나 암부르게사. Quiero comer una hamburguesa.
바르셀로나에 가고 싶어요.	끼에로 이르 아 바르쎌로나. Quiero ir a Barcelona.
이 짐을 부치고 싶어요.	끼에로 팍뚜라르 에스떼 에끼빠헤. Quiero facturar este equipaje.

Part 2

기내에서

제 좌석은 어디죠?

🎧 MP3 02-01

비행기에 탑승 후, 내 자리가 어딘지 헷갈린다면 입구에 서 있는 승무원에게 물어보면 된다. 기본적으로 탑승권에 좌석 번호가 명시되어 있어 승무원에게 보여주면 원하는 자리를 찾을 수 있다. 또한, 한국에서 출발하는 항공편의 경우 보통 한국인 승무원이 탑승하고 있으니 너무 긴장하지 말자.

핵심
표현

돈데 에스따 미 아씨엔또?

¿Dónde está mi asiento?

TIP

내 좌석을 찾아가는 중에 스페인의 승객이 통로에 서 있다면,

■ 잠깐 지나가도 될까요?
디스꿀뻬, 뿌에도 빠사르?
Disculpe, ¿puedo pasar?

좌석을 찾은 후 자신의 기내용 여행 가방을 머리 위의 짐칸에 올리는 일 또한 만만치 않은 경우가 많다. 그럴 경우에는 다음의 핵심 표현을 사용하여 승무원에게 도움을 청해보자.

■ 죄송하지만, 좀 도와주시겠어요?
디스꿀뻬, 뿌에데 아유다르메?
Disculpe, ¿puede ayudarme?

■ 가방을 놓을 공간이 없어요.
노 아이 에스빠씨오 빠라 뽀네르 미 에끼빠헤 데 마노.
No hay espacio para poner mi equipaje de mano.

실례지만,
탑승권을 좀 제시하여 주십시오.

디스꿀뻬, 수 따르헤따 데 엠바르께, 뽀르 파보르.
Disculpe, su tarjeta de embarque, por favor.

죄송하지만,
여기는 제 자리인데요.

뻬르돈, 에스떼 에스 미 아씨엔또.
Perdón, este es mi asiento.

손님 좌석은 앞쪽입니다.

수 아씨엔또 에스따 엔 프렌떼.
Su asiento está en frente.

저기 빈 자리로 옮겨도 될까요?

뿌에도 모베르메 아 에쎄 아씨엔또 리브레?
¿Puedo moverme a ese asiento libre?

의자를 뒤로 젖혀도 될까요?

뿌에도 레끌리나르 미 아씨엔또 운 뽀꼬 아뜨라스?
¿Puedo reclinar mi asiento un poco atrás?

이 안전벨트는 어떻게 매나요?

꼬모 메 아브로초 엘 씬뚜론 데 세구리닷?
¿Cómo me abrocho el cinturón de
    seguridad?

담요 한 장 주시겠어요?

🎧 MP3 02-02

비행기가 이륙 후 안전 고도에 이르면, 승무원에게 기내 서비스를 요청할 수 있다. 항공사마다 차이는 있지만 대부분 담요, 이어폰, 쿠션 등을 제공하고 있으므로 아래의 핵심 표현을 사용해 필요한 기내 용품을 요청해 보자.

핵심 표현

뽀드리아 다르메 우나 만따?

¿Podría darme una **manta** ?

꼬힌
cojín
쿠션

볼사 빠라 보미따르
bolsa para vomitar
멀미 봉투

포르마 미그라또리아
forma migratoria
입국 신고서

또아야 모하다
toalla mojada
물수건

TIP

기내 서비스를 요청하고자 할 때는 기내 콜 버튼을 누르고 승무원이 오면 위의 핵심 표현을 사용해 요청하면 된다. 지나가는 승무원을 부를 때는 'Disculpe(디스꿀뻬)'라고 하면서 공손히 도움을 청해보자.

이어폰 필요하신 손님 계신가요?

아이 알기엔 께 네쎄시떼 로스 아우리꿀라레스?
¿Hay alguien que necesite los auriculares?

여기 하나 주세요.

데메 우노, 뽀르 파보르.
Deme uno, por favor.

이어폰이 고장 났어요.

에스또스 아우리꿀라레스 노 푼씨오난.
Estos auriculares no funcionan.

한국 신문 있나요?

아이 알군 뻬리오디꼬 꼬레아노?
¿Hay algún periódico coreano?

담요를 한 장 더 주실 수 있나요?

뽀뜨리아 다르메 우나 만따 마스, 뽀르 파보르?
¿Podría darme una manta más, por favor?

소화제 좀 주시겠어요?

뽀뜨리아 다르메 운 디헤스띠보, 뽀르 파보르?
¿Podría darme un digestivo, por favor?

물 한 잔만 주세요.

🎧MP3 02-03

기내에 실리는 음료의 종류는 항공사마다 차이가 있지만, 일반적으로 가장 대중적인 음료로 이루어져 있다. 비행 중 목이 마른다면 아래와 같은 표현으로 음료 서비스를 요청해 보자.

핵심
표현

데메 운 바소 데 아구아, 뽀르 파보르.

Deme un vaso de agua , por favor.

쎄르베싸	까페	비노 띤또	떼

cerveza	café	vino tinto	té
맥주	커피	레드와인(적포도주)	차

TIP

아구아 미네랄	아구아 꼰 가스	꼬까 꼴라
agua mineral	agua con gas	Coca-Cola
생수	탄산수	코카-콜라

스쁘라잇	후고	비노 블랑꼬
Sprite	jugo	vino blanco
사이다	주스	화이트와인(백포도주)

어떤 음료를 드시겠습니까?	데쎄아 알고 데 베베르? ¿Desea algo de beber?
어떤 음료가 있나요?	께 아이 데 베베르? ¿Qué hay de beber?
오렌지 주스, 따뜻한 차와 커피가 있습니다.	떼네모스 후고 데 나랑하, 떼 깔리엔떼 이 까페. Tenemos jugo de naranja, té caliente y café.
커피 한 잔 주세요.	데메 운 까페, 뽀르 파보르. Deme un café, por favor.
녹차 있나요?	띠에네 떼 베르데? ¿Tiene té verde?
한 잔 더 주시겠어요?	뽀드리아 다르메 오뜨로, 뽀르 파보르? ¿Podría darme otro, por favor?

식사 서비스 요청하기 닭고기로 주세요.

🎧 MP3 02-04

하늘에서 먹는 기내식은 여행에서 느낄 수 있는 즐거움 중 하나이다. 승무원이 "Tenemos carne y pollo, ¿cuál le gustaría?(쇠고기와 닭고기가 있는데, 어떤 걸로 하시겠습니까?)"라고 물어보면 먹고 싶은 음식을 말하면 된다. 이때 영어의 'please'를 의미하는 'por favor'를 붙여 예의를 표현하는 것을 잊지 말자.

핵심
표현

데메 뽀요, 뽀르 파보르.

Deme pollo , por favor.

TIP

기내식 관련 문제가 생기면 다음의 표현들을 사용하여 문제를 빨리 해결하고 즐거운 여행이 되도록 하자.

내가 주문한 음식이 아닌 경우:

- 이것은 내가 주문한 것이 아닌데요.
  디스꿀뻬, 에스또 노 에스 로 께 에 뻬디도.
  Disculpe, esto no es lo que he pedido.

- 빵 하나 더 주시겠어요?
  뽀드리아 다르메 오뜨로 볼리요, 뽀르 파보르?
  ¿Podría darme otro bolillo, por favor?

뻬스까도 pescado 생선	까르네 데 바까 carne de vaca 소고기	까르네 데 쎄르도 carne de cerdo 돼지고기	또르띠야 tortilla 오믈렛	뽀스뜨레 postre 디저트
가예따스 galletas 과자	께소 queso 치즈	누에쎄스 nueces 넛츠	볼리요 bolillo 빵	만떼끼야 mantequilla 버터

36

손님, 식사하시겠습니까?

디스꿀뻬, 끼에레 꼬메르?
Disculpe, ¿quiere comer?

나중에 먹어도 될까요?

뿌에도 꼬메르 마스 따르데?
¿Puedo comer más tarde?

양식으로 하나 주세요.

운 메누 옥씨덴딸, 뽀르 파보르.
Un menú occidental, por favor.

쇠고기와 닭고기가 있는데,
어떤 걸로 하시겠습니까?

떼네모스 까르네 이 뽀요. 꾸알 레 구스따리아?
Tenemos carne y pollo. ¿Cuál le gustaría?

식사는 안 하겠습니다.

노 끼에로 꼬메르, 그라씨아스.
No quiero comer, gracias.

테이블을 펴 주시겠어요?

뽀드리아 바하르 수 메사 쁠레가블레?
¿Podría bajar su mesa plegable?

면세품 카탈로그에 있는 이 제품 있나요? 🎧 MP3 02-05

식사 서비스가 끝나면 승무원의 기내 면세품 판매가 시작된다. 면세품 판매 시 다양한 프로모션을 진행하기도 하는데, 원하는 상품이 품절되었을 경우 면세품 귀국편 예약 주문서를 작성하여 사전에 구매 예약을 하면, 돌아오는 항공편에서 면세품을 구매할 수 있다.

핵심 표현

띠에네 에스떼 아르띠꿀로 엔 엘 까딸로고 데 꼼쁘라스 리브레스 데 임뿌에스또스?

¿Tiene este artículo en el catálogo de compras libres de impuestos?

리싸도르 데 뻬스따냐스
rizador de pestañas
뷰러

라삐쓰 라비알
Lápiz labial
립스틱

솜브라 데 오호스
Sombra de ojos
아이섀도

뻬르푸메
Perfume
향수

에스말떼 데 우냐스
Esmalte de uñas
매니큐어

TIP

위스끼	초꼴라떼	가예따
Whisky	Chocolate	Galleta
위스키	초콜릿	과자

**지금부터
면세품 판매를 시작하겠습니다.**

아오라 엠뻬싸레모스 누에스뜨로 쎄르비씨오
리브레 데 임뿌에스또스 엔 부엘로.
Ahora empezaremos nuestro servicio
libre de impuestos en vuelo.

선크림을 사고 싶어요.

끼에로 꼼쁘라르 운 쁘로떽또르 솔라르, 뽀르 파보르.
Quiero comprar un protector solar,
por favor.

이 록시땅 핸드크림은 얼마예요?

꾸안또 꾸에스따 에스따 끄레마 데 마노스 데 록씨땅?
¿Cuánto cuesta esta crema de manos
    L'Occitane?

담배를 판매하나요?

벤덴 씨가리요스?
¿Venden cigarrillos?

신용카드로 계산해도 되나요?

뿌에도 빠가르 꼰 따르헤따 데 끄레디또?
¿Puedo pagar con tarjeta de crédito?

결제는 달러로 할게요.

보이 아 빠가르 엔 돌라레스.
Voy a pagar en dólares.

+PLUS
▫ 원화 원 won
▫ 유로화 에우로 euro
▫ 페소화 뻬소 peso

✳ 계절별 추천 스페인 여행지 ✳

봄 | 쁘리마베라
Primavera

여름 | 베라노
Verano

발렌시아(Valencia)

`Best Spot` **라스 파야스(Las Fallas)**

스페인의 3대 축제 중 하나인 불
꽃 축제! 도시 곳곳에 설치 된 '파야'
라는 거대한 규모의 인형 수백 개를 축제의 마지막
날에 불태우는 불의 축제로 화려한 불꽃과 폭죽들을
감상할 수 있다.

세비야(Sevilla)

`Best Spot` **페리아 데 아브릴**

(Feria de Abril)

4월의 축제. 페리아 기간에
는 약 1km 구간에 크고 작
은 천막에서 플라멩코 파티
를 감상할 수 있다.

마드리드, 바르셀로나

`Best Spot` **세마나 산타(Semana Santa)**

→ 카톨릭 국가인
스페인의 〈부활절〉

동남쪽 해안

`Best Spot`

**발렌시아(Valencia), 알리칸테(Alicante),
말라가(Málaga), 마르베야(Marbella),
카디스(Cádiz)**

세계적인 클럽문화

`Best Spot` **이비사(Ibiza)**

세계 최대 규모를 자랑하며, 클럽 마니아들 사이에서
'죽기 전에 꼭 가볼 곳'으로 꼽히는 세계적인 수준의
클럽 문화를 즐겨보자. 이곳의 패션 피플들이 선도하
는 트렌드는 곧 유럽 전역으로 퍼져 나갈 정도이다.
비수기에는 클럽들이 문을 닫으므로 성수기 기간을
꼭 알아두자.

→ 성수기: 6월 말~10월 초

가을 오뚜뇨 Otoño

와인 축제
Best Spot **리오하(Rioja) 와이너리**

스페인은 와인 주요 생산지로, 6월 말에 와인을 온몸에 뿌리고 즐기는 '와인 축제'가 있다. 한 세기 이상의 역사를 이어오고 있는 와이너리의 저장고에 가득 쌓여있는 오크통을 보면서 시간여행을 즐겨보자.

세고비아(Segovia)
Best Spot **수도교(Acueducto)**

로마 시대에 17km 정도 떨어진 산에서 흐르는 물을 끌어오기 위해 축조되어 완벽한 형태로 보존된 역사의 웅장함을 감상해보자.

겨울 임비에르노 Invierno

춥지 않은 겨울 여행
Best Spot
말라가(Málaga), 알함브라 궁전

말라가

알함브라 궁전과 헤네랄리페 정원

지중해성 기후로 계절과 상관없이 어느 곳을 가도 여름의 한낮을 제외하고는 온화한 기후인 편이므로, 스페인은 사계절 모두 여행하기 좋은 나라이다.

Part 3
공항에서

관광하러 왔어요.

🎧 MP3 03-01

스페인 공항에 도착하면 우선 입국 심사대로 가서 입국심사를 받아야 한다. 입국 심사대에 도착하면, Extranjeros(외국인) 표시가 되어 있는 곳에 줄을 서서 '여권'과 기내에서 작성한 '출입국 신고서'를 보여주면 된다. '출입국 신고서'는 목적지에 도착하기 전에 기내에서 승무원이 나눠 주는데, 영문으로 작성하면 된다. 입국 심사 시 스페인 여행 목적이나 스페인 내 거주지를 물어보는 경우도 있지만, 스페인어로 대답하기 어렵다 해도 그냥 이해하고 넘어가기 때문에 당황하거나 긴장할 필요는 없다. 만약 공항 직원의 별도 질문을 받는다면 아래의 핵심 표현으로 대답해 보자.

핵심
표현

벵고 데 뚜리스모.

Vengo de turismo.

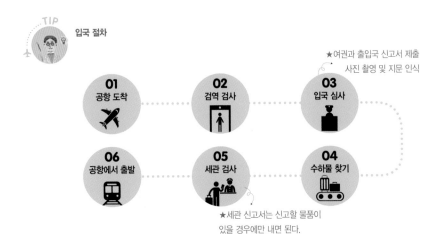

TIP

입국 절차

★여권과 출입국 신고서 제출
사진 촬영 및 지문 인식

01
공항 도착

02
검역 검사

03
입국 심사

06
공항에서 출발

05
세관 검사

04
수하물 찾기

★세관 신고서는 신고할 물품이
있을 경우에만 내면 된다.

여권을 좀 보여 주세요.

수 빠사뽀르떼, 뽀르 파보르.
Su pasaporte, por favor.

□ 입국 신고서
포르마 미그라또리아
forma migratoria

방문 목적은 무엇입니까?

꾸알 에스 엘 쁘로뽀시또 데 수 비시따?
¿Cuál es el propósito de su visita?

여기에서 얼마나 체류하십니까?

꾸안또 띠엠뽀 바 아 뻬르마네쎄르 아끼?
¿Cuánto tiempo va a permanecer aquí?

4일 간이요.

꾸아뜨로 디아스.
Cuatro días.

+PLUS
□ 3일 뜨레스 디아스 tres días
□ 일주일 우나 쎄마나 una semana
□ 한달 운 메스 un mes

어디서 머무르십니까?

돈데 바 아 오스뻬다르쎄?
¿Dónde va a hospedarse?

그랜드 하얏트 호텔이요.

엔 엘 오뗄 그랜드 하이얏.
En el hotel Grand Hyatt.

Part 3

공항에서

제 짐을 찾을 수가 없어요.

🎧 MP3 03-02

입국 심사를 마친 후, 본격적으로 자신의 짐(수하물)을 찾아야 한다. 어디로 가야 할 지 헷갈린다면 짐을 부칠 때 받았던 수하물 표를 보자. 수하물 표에서 내가 탔던 항공 기의 항공편명을 확인 후, '짐 찾는 곳(Baggage Claim)'으로 가면 된다. 많은 짐이 한꺼번에 나오기 때문에 짐을 부치기 전에 짐에 특별한 표시를 하거나 이름표를 달아 두면 좋다. 그러나 그래도 내 수하물을 찾을 수 없거나 짐이 나오지 않는다면 아래 핵 심 표현을 사용해 항공사 직원에게 질문해 보자.

핵심
표현

노 뿌에도 엔꼰뜨라르 미 에끼빠헤.

No puedo encontrar mi equipaje.

TIP
수하물 표 보는 법

AIRFRANCE

❶ Kim/HyoEun
❷ ICN → BCN
❸ AF 267 / ❹ 3MAY
❺ 0337444929

❻ SEC 300 BAG ❼ 1 / ❽ 15

❶ 성명 : 김효은
❷ 출발지 : 인천 → 목적지 : 바르셀로나
❸ 항공편명 : 에어프랑스 267
❹ 날짜 : 5월 3일
❺ 항공사 번호 + 수하물 번호
❻ 수하물 수속 순서
❼ 가방 개수 : 1개
❽ 가방 무게 : 15kg

수하물 서비스 센터는
어디 있나요?

돈데 에스따 라 오피씨나 데 레끌라마씨오네스?
¿Dónde está la oficina de reclamaciones?

수하물 표 좀 볼 수 있을까요?

뿌에도 베르 수 꼼쁘로반떼 데 에끼빠헤?
¿Puedo ver su comprobante de equipaje?

무슨 항공편으로 오셨습니까?

꾸알 에스 수 누메로 데 부엘로?
¿Cuál es su número de vuelo?

대한항공 178편으로 왔어요.

에 베니도 엔 엘 부엘로 데 코리언 에어 우노 시에떼 오초.
He venido en el vuelo de Korean Air 178.

짐이 아직 안 나왔어요.

미 에끼빠헤 아운 노 아 살리도.
Mi equipaje aún no ha salido.

트렁크가 망가졌어요.

미 말레따 에스따 로따.
Mi maleta está rota.

이거 친구에게 줄 선물이에요.

🎧 MP3 03-03

짐을 찾고 출구로 나가면 도착지 공항에서의 입국 수속이 마무리된다. 세관을 통과할 때 신고할 물건이 있으면 세관 신고서를 제출하면 되고, 신고할 물건이 없으면 출구로 나오면 된다. 만약 세관을 통과하는데 세관 직원이 내 손에 들고 있는 짐에 대해 질문한다면 아래의 핵심 표현으로 대답해 보자.

핵심 표현

에스또 에스 운 레갈로 빠라 미 아미고.

Esto es un regalo para mi amigo.

TIP

공항에서 수하물 서비스 이용하기!

❶ 카트(손수레) 서비스: 터미널, 주차 구역 등에서 짐을 옮길 때 무료로 사용할 수 있다.

❷ 수하물 보관 서비스: 여행객을 위해 24시간 수하물 보관과 포장 서비스를 제공하고 있다. 수하물 보관이 필요하다면, 영어로 'Left Luggage, Baggage Storage'라고 적혀 있거나 스페인어로 'consignas'라고 적혀있는 곳을 찾아보자.

신고할 것이 있습니까?

띠에네 알고 께 데끌라라르?
¿Tiene algo que declarar?

없어요.

노, 나다.
No, nada.

이 가방 안에는 뭐가 들어
있습니까?

께 아이 엔 에스따 말레따?
¿Qué hay en esta maleta?

가방 좀 열어주시겠어요?

뽀드리아 아브리르 수 말레따, 뽀르 파보르?
Podría abrir su maleta, por favor?

이것들은 모두
제 개인용품입니다.

에스또스 손 미스 오브헤또스 뻬르소날레스.
Estos son mis objetos personales.

이건 과세 대상입니다.

데베 빠가르 임뿌에스또스 뽀르 에스떼 오브헤또.
Debe pagar impuestos por este objeto.

환전 서비스 이용하기

환전을 하려고 하는데요.

♫ MP3 03-04

환전은 해외로 나가는 당일 공항에서 환전하는 것보다 여행 전 국내 은행에서 미리 하는 것이 유리하다. 최근에는 여행자와 유학생이 증가함에 따라 한국은행마다 해외 직불카드 서비스를 제공하고 있으며, Visa 등 해외에서 사용 가능한 브랜드의 신용 카드와 직불카드가 있으면 환전하지 않고 현지 공항이나 거리의 ATM기에서도 현지 화폐 'efectivo(현금)'를 인출할 수 있다.

핵심 표현

끼에로 깜비아르 디네로.

Quiero cambiar dinero.

TIP

스페인에서 ATM기 사용법

한국어 표기는 없어도 영어 버전은 있으므로 너무 긴장하지 말자.

| | | | | |

01
카드 삽입

02
비밀번호 입력

03
계좌 유형 선택

04
원하는 금액 선택

05
현금 수령 및 카드 회수

ATM기 상단에 사용 가능한 카드의 목록을 확인한 후, 카드를 삽입한다.

Por favor ingrese su contraseña(비밀번호를 입력하세요) 문구가 뜨면, 한국에서 카드 결제 시 입력하는 비밀번호 4자리를 입력하고 continuar 버튼을 누른다.

Seleccione tipo de cuenta(계좌 유형을 선택하세요) 문구가 뜨면, 해외 사용 가능한 카드의 경우, Tarjeta de Crédito(신용카드)를 선택하고, 직불카드 또는 여행자카드의 경우 Cuenta de Ahorros (예금계좌)를 선택한다.

화면에서 어떤 업무를 볼지 선택하면 된다. Withdraw(출금) 버튼 클릭 후, 원하는 금액을 선택한다.

돈을 받은 후, 화면에 있는 Retirar tarjeta(카드 돌려받기) 버튼을 눌러서 카드를 수령하자.

어디서 환전할 수 있죠?

돈데 뿌에도 깜비아르 디네로?
¿Dónde puedo cambiar dinero?

근처에 ATM기가 있나요?

아이 운 까헤로 아우또마띠꼬 쎄르까 데 아끼?
¿Hay un cajero automático cerca de aquí?

달러를 유로로 바꿔 주세요.

끼에로 깜비아르 돌라레스 에스따도우니덴쎄스
아 에우로스.
Quiero cambiar dólares estadounidenses
a euros.

얼마나 환전하실 거예요?

꾸안또 끼에레 깜비아르?
¿Cuánto quiere cambiar?

1500유로요.

밀 끼니엔또스 에우로스, 뽀르 파보르.
Mil quinientos euros, por favor.

100유로짜리 10장이랑
10유로짜리 20장으로 주세요.

데메 디에스 비예떼스 데 씨엔 에우로스 이
베인떼 데 디에스 에우로스, 뽀르 파보르.
Deme diez billetes de cien euros (€ 100) y
veinte de diez euros (€ 10), por favor.

지하철 노선도를 한 장 주세요.

🎧 MP3 03-05

공항에서 출발 전 안내소에 방문해 보자. 지하철 노선도를 구하거나 관광지를 추천받을 수도 있으며, 만약 머물 숙소를 예약하지 못한 상태라면 숙소를 추천받을 수 있고 부탁하면 예약도 해준다. 대부분 공항이 생소하여 헤맬 수 있으므로 출발 전에 택시를 타는 장소나 공항버스 등의 위치를 문의해 보는 것도 좋은 방법이다.

**핵심
표현**

데메 운 마빠 델 메뜨로, 뽀르 파보르.

Deme un mapa del metro, por favor.

TIP

다운로드 해서 가면 좋은 앱

구글맵스 (Google Maps)		여행 갈 때 필수 앱! 미국이나 스페인에서도 사용 가능하며, 한글로 입력해도 된다.
씨티맵퍼 (Citymapper)	Citymapper	대중교통 필수 앱! 실시간 교통 정보 및 요금과 칼로리 소모까지 알려준다. 모든 교통수단의 정보와 오프라인 맵까지 다운로드 가능하다. (미국, 영국, 유럽, 아시아에서도 사용 가능)
마이택시 (mytaxi) : 스페인 카카오 택시	mytaxi	택시 이용 후 앱으로 결제할 수 있다. 앱에는 출발점, 도착점의 정보만을 기반으로 결제가 되기 때문에 택시 기사가 멀리 돌아갈 수도 없고 미터기 조작도 할 수 없다.
우버 (Uber)	UBER	택시를 더 저렴하고 효율적으로 이용할 수 있는 앱. 전 세계 대부분 대도시에서 사용 가능하다.
렌페(renfe) : 스페인 고속열차	renfe	우리나라 KTX처럼 깔끔하고 편안한 교통수단이다. 출발지와 도착지, 날짜, 사람 수를 입력하고 BUY를 누른다. (welcome을 누르면 영어 지원)

관광안내소는 어디에 있나요?

돈데 에스따 라 오피씨나 데 임포르마씨온 뚜리스띠까?
¿Dónde está la oficina de información turística?

공항버스는 어디에서 타나요?

돈데 뿌에도 또마르 엘 아우또부스 델 아에로뿌에르또?
¿Dónde puedo tomar el autobús del aeropuerto?

세비야 역까지 가는 차는 몇 시에 있나요?

아 께 오라 살레 엘 아우또부스 빠랄 라 에스따씨온 데 세비야?
¿A qué hora sale el autobús para la estación de Sevilla?

약도를 한 장 그려 주시겠어요?

뽀드리아 디부하르메 운 마빠, 뽀르 파보르?
¿Podría dibujarme un mapa, por favor?

여기에서 호텔을 예약할 수 있나요?

뿌에도 아쎄르 우나 레세르바 데 운 오뗄 아끼?
¿Puedo hacer una reserva de un hotel aquí?

값싼 호텔을 추천해 주시겠어요?

뽀드리아 레꼬멘다르메 운 오뗄 바라또?
¿Podría recomendarme un hotel barato?

* 스페인의 식사 문화 *

아침
데사유노
Desayuno

점심
꼬미다
Comida

보통 아침 7시경에 '카페 꼰 레체(밀크커피), 추로스, 핫초코' 등의 가벼운 식사를 하고, 오전 11시경에는 '알무에르소(Almerzo)'라는 브런치 형식의 식사를 한다. 스페인에서는 보통 '바(Bar)'에서 바게트에 토르티야(스페인식 오믈렛), 가스파초 등의 가벼운 식사를 즐긴다.

스페인의 점심은 오후 2시에 시작해서 두시간 정도 충분한 시간을 즐긴다. 점심에는 월요일부터 금요일까지 대부분의 레스토랑에서 '오늘의 요리(Menú del Día 메뉴 델 디아)'라는 코스요리를 보통 1인당 7유로부터 시작되는 저렴한 가격에 제공한다. 점심 식사 후 오후 5~6시 사이에 간단한 간식(Merienda 메리엔다)으로 커피나 차를 마시며 빵과 크래커를 먹는다.

★ 마드리드 스튜
(꼬씨도 마드릴레뇨 Cocido madrileño)
메인요리로 마드리드에서 많이 먹는 음식으로 지역마다 변형된 비슷한 요리가 있다.

아침엔 가볍게
추로스와 핫초코

토르티야

가스파초

양배추 또는 병아리콩, 닭, 소고기, 베이컨,
초리소, 소시지를 넣고 끓인다.

★ 대구요리
(메를루사 엔 살사 베르데 Merluza en salsa verde)

스페인 요리의 전형적인 건강식이다. 메를루사는 대구의 일종으로 유럽에서 가장 많이 먹는 생선 중 하나로 매우 부드럽고 뼈가 거의 없다. (마늘, 파슬리, 조개, 올리브유, 소금으로 조리한 요리)

★ 마늘 새우 요리
(감바스 알 아히요 Gambas al ajillo)

바, 레스토랑에서 쉽게 만날 수 있는 '감바스 알 아히요(마늘 새우 요리)'는 언제나 후회하지 않는 좋은 선택이다. (올리브유, 마늘, 파슬리, 칠리 및 소금으로 간단하게 조리한 요리)

저녁

쎄나
Cena

스페인에서의 저녁 식사는 정해진 시간이 없다. 보통 저녁 8시 반~새벽 1시까지라고 보면 된다. 관공서나 은행 등은 오후 2~3시에 하루 업무를 끝내며, 일반회사나 작은 가게, 레스토랑들은 보통 2시 정도까지 일한다. 중간에 4시간 정도 쉬는 시간을 갖고, 다시 5~6시경 오후 업무를 시작해 저녁 8시 정도에 퇴근한다. 따라서 저녁 식사는 그 이후에 시작되므로 스페인의 레스토랑들은 프랑스나 영국 등 주변국이 6시쯤 문을 여는 것과 달리 8시 30분에야 저녁 장사를 하는 곳이 대부분이다. 늦게 먹는 저녁 식사는 해물 등으로 점심보다 비교적 가볍게 한다.

Part 4
교통수단

지하철 이용하기
버스 이용하기
택시 이용하기
기차 이용하기

#스페인 영화 속 그 장소

지하철로 마요르 광장에 갈 수 있나요?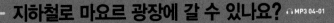

초보 여행자라면 여행을 준비하면서 스페인 공항에서 첫 번째 목적지까지 가는 최적의 교통수단을 선택하고, 가는 방법과 주소 등을 미리 메모해 두는 것이 좋다. 스페인의 지하철은 한국과 매우 비슷하여 한국처럼 교통카드나 승차권을 사용하여 탑승할 수 있다. 유의할 점은 마드리드, 바르셀로나 등 대도시의 경우 지하철이 대중화되어 있지만, 여전히 지하철이 없는 지방 소도시도 많다는 것이다.

핵심 표현

뿌에도 이르 알 라 쁠라싸 마요르 엔 메뜨로?

¿Puedo ir a la Plaza Mayor en metro?

TIP

전철 이용 가격 알아보기

스페인의 전철은 2017년 11월 1일부터 '교통카드 제도'가 실시되었다.

교통카드 가격 : 2.5유로 + 1회 이용권, 10회 정액권
1회 이용권 : 1.50유로 / 공항 ↔ 시내 : 3유로로
(◎ A존의 경우 10회 정액권 : 12.2유로 / 1회 이용권: 1.50유로+구간 α)
카드 가격은 환불되지 않으므로, 10회 정액권의 경우 하나의 카드로 여러 명이 같이 이용하기를 권장한다.

※ 주의 사항

역내 안내에서는 영어 지원이 거의 안 되므로 전광판의 기본 용어를 익혀두자.

- 다음역 : PRÓXIMA ESTACIÓN 쁘록씨마 에스따씨온
- 환승역 : CORRESPONDENCIAS CON 꼬레스뽄덴씨아 꼰

공항선은 어디에서 타야 해요?

돈데 뿌에도 또마르 라 리네아 델 아에로뿌에르또?
¿Dónde puedo tomar la línea del aeropuerto?

매표소는 어디에 있나요?

돈데 에스따 라 따끼야?
¿Dónde está la taquilla?

아또차역에 가려면 몇 호선을 타야 해요?

께 리네아 뗑고 께 또마르 빠라 이르 알 라 에스따씨온 데 아또차?
¿Qué línea tengo que tomar para ir a la estación de Atocha?

푸에르타 델 솔에 가려면 어디에서 내려요?

돈데 메 바호 빠라 이르 알 라 뿌에르따 델 솔?
¿Dónde me bajo para ir a la Puerta del Sol?

어디서 갈아 타면 돼요?

돈데 뗑고 께 뜨란스보르다르?
¿Dónde tengo que transbordar?

프라도 박물관쪽 출구가 어디죠?

꾸알 에슬 라 살리다 빠라 엘 무쎄오 델 쁘라도?
¿Cuál es la salida para el Museo del Prado?

마드리드 왕궁에 가려면 몇 번 버스를 타야 해요? 🎧 MP3 04-02

마드리드 시내를 다니는 버스는 FMT에서 운행하고 있으며, 각 노선별로 원하는 지역으로 이동할 수 있다. 시외버스 또는 고속버스라고 부를 수 있는 알사 버스는 알사(ALSA)라는 회사에서 운영하는 버스이다. 버스표를 현장에서 예매하는 경우, 우리나라처럼 버스터미널에서 구매하면 되지만 온라인으로 사전 예매의 경우 알사 회사의 홈페이지(www.alsa.es)에서 구매해야 한다. 알사 프리미엄 버스도 있으니 이용해보자.

핵심 표현

께 누메로 데 아우또부스 뗑고 께 또마르 빠라 예가르 알 빨라씨오 레알 데 마드릿?

¿Qué número de autobús tengo que tomar para llegar al Palacio Real de Madrid?

TIP

스페인 버스 종류와 이용법

마드리드의 버스는 크게 모든 노선을 도는 '일반 버스(파란색)'와 주요 명소만 운행하는 '투어 버스(빨간색)'로 나뉜다. 그리고 A, B, C, D, E Zone으로 구간이 나뉘어 있고 구간에 따라 요금이 차등 적용된다. 모든 관광명소가 A Zone(Zona A)에 위치해 있어서 기본요금으로 이용이 가능하다. 버스의 종류와 이용법을 알아두자.

투어 버스(빨간색)

일반 버스(파란색)

버스 운행시간

버스		운행시간
청색 버스	일반	
황색 버스	급행	오전 6:00 ~ 밤 11:30
녹색 버스	근교	
심야 버스		자정 ~ 오전 6:00
투어 버스	주요 명소	오전 10:00 ~ 밤 9:00

EXPRES AEROPUERTO   Airport Express

공항에서 시내 중앙의 '아토차(Atocha-Renfe)역'까지 운행하는 공항 버스. (약 40분 소요)

- 편도 : 5유로 (아토차역 기준 40분 소요)
- 티켓 판매처 : 운전기사에게 직접 구입.
- 운행시간 : 24시간 (주간: 약 20분 간격, 심야: 35분 간격)

Aeropuerto   O'Donnell   **Atocha-Renfe**

Plaza de Cibeles

■ **T-10 티켓**

여행객들이 스페인을 여행 할 때 가장 많이 사는 티켓이다. 이 티켓은 1장으로 여러 명이 사용 가능하며, 버스와 지하철을 Zona A, EMT, ML1 구역에서 10회 사용할 수 있다. 이 티켓 외에도 대중교통을 많이 이용하지 않는 경우 '1회 티켓'으로 구매해 사용할 수 있다.

- T-10 티켓 : 18.89유로
- 1회 티켓 : 2.32유로
- 투어버스 1일권 : 21유로(어린이: 9유로)
- 투어버스 2일권 : 25유로(어린이: 12유로)

■ **Young Travel Pass**

이 카드는 충전식 교통카드로 오랜 시간 마드리드에 머물 사람에게 적합하다. 만 26세 이하는 20유로를 충전하면 한 달간 무제한으로 사용이 가능하다. 이 외에 여행객들을 위한 30일, 여행 패스나 1년 동안 사용 할 수 있는 카드 또는 여러 명이 함께 사용할 수 있는 카드 등 티켓 종류가 매우 다양하다.

- 온라인 구매 : www.crtm.es(10% 할인 혜택)
- 카드 종류 : Public Transport Personal Card(개인 교통카드), Multi Card(여러 명이 사용 가능), Children Transport Card, Tourist Card, Blue Card 등

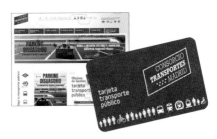

버스 정류장은 어디예요?

돈데 에스따 라 빠라다 데 아우또부스?
¿Dónde está la parada de autobús?

(버스 기사에게)
프라도 박물관에 가나요?

에스떼 아우또부스 바 알 무세오 델 쁘라도?
¿Este autobús va al Museo del Prado?

힐튼 호텔까지 몇 정거장이나
더 가야 해요?

꾸안따스 빠라다스 팔딴 빠라 예가르 알 오뗄 힐뜬?
¿Cuántas paradas faltan para llegar al
  Hotel Hilton?

다음에 내리세요.

뿌에데 바하르쎄 엘 라 쁘록씨마 빠라다.
Puede bajarse en la próxima parada.

내릴 사람 있어요?

알기엔 쎄 바하 아끼?
¿Alguien se baja aquí?

잠시만요, 내릴게요.

운 모멘또, 메 바호 아끼.
Un momento, me bajo aquí.

Part 4

교통수단

택시 이용하기

홀리데이 인 호텔로 가 주세요.

🎧 MP3 04-03

유럽에서도 택시 앱이 활성화되어있는데, 가장 대중적인 서비스가 '마이택시 (mytaxi)'다. 마이택시나 우버 앱을 이용하면 저렴하고 안전하게 택시를 이용할 수 있다. 한국에서 출발 전 미리 앱을 설치하고 가입 및 등록을 해두자.

핵심 표현

바모스 아 홀리데이 인, 뽀르 파보르.

Vamos a Holiday Inn, por favor.

TIP

택시를 이용할 때

❶ 빈 차는 앞 유리에 'Libre(빈차)'라는 카드로 표시를 하고 차 지붕 위에 녹색불이 켜져 있다.

❷ 기본 요금
평일 : 2.40유로 (오전 7시~밤 9시)
심야 : 2.90유로 (밤 9시 이후~오전 7시 이전까지)

❸ 마이택시(mytaxi)의 장점
　　　　　　　　　　 – 출발점, 도착점의 정보만을 기반으로 결제가 되므로 미터기 조작이 어렵다.
✕mytaxi　 – 앱에서 택시 예약 호출 기능이 있다. (출발지~도착지 거리, 시간, 요금 확인 가능)
　　　　　　　　　　 – 택시 이용 후 기사가 앱으로 결제 금액을 청구하면 앱에서 바로 결제가 가능하다.
　　　　　　　　　　 – 앱에서 결제 시 팁 기능도 있다. (10%, 15%, 20%까지 선택 가능)

트렁크 좀 열어 주시겠어요?

뽀드리아 아브리르 엘 말레떼로, 뽀르 파보르?
¿Podría abrir el maletero, por favor?

이 주소로 가 주세요.

아 에스따 디렉씨온, 뽀르 파보르.
A esta dirección, por favor.

가까운 길로 가 주시겠어요?

뽀드리아 이르 뽀르 엘 까미노 마스 꼬르또, 뽀르 파보르?
¿Podría ir por el camino más corto,
   por favor?

공항까지 얼마나 걸리죠?

꾸안또 띠엠뽀 세 따르다 엔 예가르 알 아에로뿌에르또?
¿Cuánto tiempo se tarda en llegar al
   aeropuerto?

20분이면 도착 가능합니다.

세 따르다 우노스 베인떼 미누또스.
Se tarda unos veinte minutos.

영수증 주세요.

데메 엘 레씨보, 뽀르 파보르.
Deme el recibo, por favor.

침대칸 표가 남아 있나요?

🎧 MP3 04-04

여행을 길게 가거나 유학생인 경우, 보통 다른 도시도 가 보고 싶기 마련이다. 이럴 때는 기차를 이용해 보자. 스페인 마드리드의 '서울역'이라 할 수 있는 가장 중요한 기차역은 '푸에르타 데 아토차(Puerta de Atocha)역'이다. 스페인 대부분의 지역으로 연결되는 기차가 출발하는 곳이다. 제2의 도시인 바르셀로나로 갈 때 많은 여행자들이 이 곳을 찾게 된다.

핵심
표현

아이 아씨엔또스 디스뽀니블레스 델 로스 꼬체스 까마?

¿Hay asientos disponibles de los coches cama?

앱으로 기차 예약하기

스페인 고속열차 '아베(AVE)'의 표를 사면, Combinado Cercanías라는 항목이 있다. '세르까니아(대도시 주변의 도시를 연결하는 기차이름)'를 무료 이용이 가능하다는 의미이다. 렌페(renfe) 승차권 구매 시 화면 왼쪽 상단에 Combinado Cercanías를 클릭하고 표를 구입하면 된다. 《마드리드-바르셀로나》 구간의 경우, 이 두 도시 주변에 볼 것이 많으므로 무료 이용권을 이용해서 여행경비를 아끼자. 스페인의 고속열차인 렌페는 공식 사이트에서 간단하게 예약할 수 있다.

Renfe Ticket 앱으로 예약 관리를 편리하게 이용하자.

스페인 '렌페' 공식 사이트 : www.renfe.com
스페인 '렌페' 한국 공식 대리점 : renfe.spainrail.com/ko

《마드리드-바르셀로나》 기차 예약 시 주의할 점!

첫째, 출발역과 목적지역 정확하게 선택하기
둘째, 날짜와 시간을 선택하고 직행과 환승 열차를 확인 후, 운행 거리의 시간 체크하기
셋째, 결제 시 카드결제가 안 되면 '페이팔'로 하기(페이팔 아이디가 있다면 페이팔 결제를 추천한다.)

| 편도로 드릴까요,
왕복으로 드릴까요? | 비예떼 데 이다 오 데 이다 이 부엘따?
¿Billete de ida o de ida y vuelta? |

| 왕복표 한 장 주세요. | 데메 운 비예떼 데 이다 이 부엘따, 뽀르 파보르.
Deme un billete de ida y vuelta, por favor. |

| 좌석으로 드릴까요,
침대칸으로 드릴까요? | 끼에레 운 아씨엔또 오 우나 리떼라?
¿Quiere un asiento o una litera? |

| 일반 침대 위에 칸으로
두 장이요. | 도스 비예떼스 에스딴다르 델 라 리떼라 데
아리바, 뽀르 파보르.
Dos billetes estándar de la litera de
arriba, por favor. |

| 표를 환불하고 싶은데요. | 메 구스따리아 레엠볼사르 엘 비예떼.
Me gustaría reembolsar el billete. |

| 기차에 물건을 두고 내렸어요. | 에 데하도 알고 엔 엘 뜨렌.
He dejado algo en el tren. |

✳ 스페인 영화 속 그 장소 ✳

★ 내 어머니의 모든 것
(Todo sobre mi madre)
스페인 영화를 대표한다는 '페드로 알모도바르' 감독의 영화로 사그라다 파밀리아 성당, 메디나셀리 광장, 델마르 병원, 몬주익 공동묘지 등의 바르셀로나 명소가 눈길을 끈다.

몬주익 공동묘지

★ 귀향(Volver)
《귀향》의 배경인 '라만차'는 감독의 실제 고향으로, 돈키호테로 유명한 곳이다. 영화 곳곳에 등장하는 풍차와 바람은 돈키호테를 기억하는 이들에게 반가움을 선사한다.

★ 내 남자의 아내도 좋아
(Vicky, Christina, Barcelona)
바르셀로나를 배경으로 한 우디앨랜 감독의 영화로 오랜 역사를 자랑하는 '사그라다 파밀리아 성당'과 바르셀로나가 한눈에 내려다보이는 '호안 미로 미술관', 극 중 주인공들이 운명적으로 마주쳤던 '구엘 공원' 등 볼거리가 풍부하다.

사그라다 파밀리아 성당

구엘 공원

호안 미로 미술관

★ 백설공주의 세고비아 성(Alcázar de Segovia)
백설공주에 등장하는 왕비의 성으로 모티브가 된 장소이다. 세고비아 성 전망대에서 세고비아 시내와 대성당의 모습을 한눈에 볼 수 있다. 사시사철 아름다운 곳으로 마드리드를 여행하면서 당일치기로 방문해도 좋다.

백설공주의 여왕이 살던 성

실제 세고비아 성

★ 투머로우랜드(Tomorrowland)
영화의 배경인 꿈의 도시로 발렌시아에 위치한 City of the Arts & Sciences 건물이 모티브가 되었다. 이곳은 스페인 출신의 세계적인 건축가 '산티아고 칼라트라바(Santiago Calatrava)'가 디자인을 총괄한 곳으로, 직선과 곡선을 이용한 조개 모양을 디자인에 적용한 미래 지향적인 공간이다.

영화 속 투머로우랜드

시티오브아트앤사이언스(City of the Arts & Sciences)

★ 윤식당 2 촬영지,
테네리페섬의 가라치코 마을
한국인들에게 테네리페섬이 유명해진 계기인 윤식당! 윤식당이 위치한 곳은 '가라치코'라는 한적한 마을이다. 가라치코는 테네리페섬의 북부 연안에 위치한 마을로 로맨틱한 감성이 느껴지는 작은 도시이다.

Part 5
숙소에서

방을 예약하려고 하는데요.

🎧 MP3 05-01

여행에서 숙소는 비용뿐만 아니라 휴식을 취하는 장소로 큰 비중을 차지한다. 미리 검색 후, 예약하고 가는 것이 가장 좋으나 혹시 준비하지 못했다면 공항 안내소에서 추천받거나 당일 예약이 가능한 숙소를 찾으면 된다. 단, 연휴 기간에는 빈방이 없거나 가격이 매우 비쌀 수 있으므로 주의하자!

핵심
표현

메 구스따리아 레세르바르 우나 아비따씨온.

Me gustaría reservar una habitación.

TIP

호텔 방을 최저가로 예약하고자 할 때

❶ 앱을 이용하자.
  • HotelTonight : 미국과 유럽의 호텔을 실시간 최상의 조건으로 찾아주는 앱. 근처 식당들과 호텔의 부대 편의시설에 대한 정보를 알려주는 Aces라는 콘시어지(심부름 대행) 서비스도 제공한다.
  • Booking.com : 지불 및 온라인 체크인도 가능하며 편리하고 이용하기 쉬운 앱이다.
  • Hotels.com : 익스피디아의 자회사로 전세계 수십만 개 숙박 시설 온라인 예약 서비스와 숙박 리뷰를 볼 수 있는 앱. 10박이면 1박을 무료로 제공하는 호텔스닷컴 리워드 혜택도 있다.

❷ 리뷰 웹 사이트를 방문하자.
  • TripAdvisor와 Oyster를 방문하여 숙박 후기를 읽어보고 자신이 원하는 숙박 시설을 정해보자.

❸ 호텔 리워드 프로그램을 활용하자.
  • 객실 이용 실적에 따라 포인트가 적립되는 호텔 리워드 프로그램을 체크하여 객실 요금의 할인, 업그레이드 및 무료 호텔 숙박 등 다양한 혜택을 누려보자.

한국어 하실 수 있는 분 있나요?

아이 알기엔 께 뿌에다 아블라르 꼬레아노?
¿Hay alguien que pueda hablar coreano?

예약을 안 했는데요.

노 이쎄 우나 레쎄르바.
No hice una reserva.

빈방 있나요?

아이 우나 아비따씨온 리브레?
¿Hay una habitación libre?

어떤 방을 원하십니까?

께 띠뽀 데 아비따씨온 레 구스따리아?
¿Qué tipo de habitación le gustaría?

싱글룸으로 주세요.

데메 우나 아비따씨온 인디비두알, 뽀르 파보르.
Deme una habitación individual, por favor.

+PLUS
□ **더블룸** 아비따씨온 도블레 Habitación doble

몇 일간 체류하실 건가요?

꾸안따스 노체스 바 아 빠사르?
¿Cuántas noches va a pasar?

체크인을 하고 싶은데요. ∩ MP3 05-02

숙소를 저렴하게 이용하려면 여행을 떠나기 전 미리 검색 후 예약하고 가자. 미리 예약을 하면 대부분의 호텔이 기존 가격에서 할인을 해준다. 예약 후 특히 호텔의 경우, 현장 지불 시 별도로 15%의 서비스 비용을 추가로 받는 곳이 많으므로 예약할 때와 비용이 다르다고 당황하지 말자. 또한, 비수기를 택하는 것이 좋은데 성수기와 비수기의 요금 차이가 매우 크기 때문이다. 숙소 예약은 예산에 맞게 인터넷이나 여행사를 통해서 하면 된다.

핵심
표현

메 구스따리아 레히스뜨라르메.

Me gustaría registrarme.

TIP

호텔 외 숙박업소

❶ 에어비앤비(Airbnb) : 에어비앤비는 2008년에 창립된 세계 최대의 숙박 공유 플랫폼으로 자신의 집을 숙소로 내놓는 곳이다. 저렴한 가격으로 여행지에서 숙박 문제를 해결하려는 관광객들의 수요가 늘면서 각광을 받고 있다.

❷ 비앤비 B&B(Bed & Breakfast) : 숙박과 아침 식사를 제공하는 숙박업소이며, 일반 가정집인 경우가 많다.

❸ 호스텔(Hostel) : 저렴한 가격의 숙소를 찾는 배낭족과 개인 관광객에게 적합하다. 넓은 공동 침실에서 여러 명이 함께 투숙하며 샤워실, 주방 등을 같이 사용한다. 국내외 관광객들의 문화·정보 교류가 자연스럽게 이루어진다.

❹ 모텔(Motel) : 도로변에 위치해 있으며 저렴하고 주차가 편리하다.

❺ 빌라(Villa) : 대부분 휴양지 리조트 단지에 있는 숙박업소로 독립적인 객실과 개인 풀장이 있으며, 풀 빌라라고 한다. 객실, 욕실, 풀장, 정원, 간단한 주방, 정원과 정자, 샤워 시설 등을 갖추고 있다.

❻ 코티지(Cottage) : 열대 지역의 전통 가옥으로 외관을 오두막 형태로 만들었다.

예약하셨습니까?

띠에네 레쎄르바다 라 아비따씨온?
¿Tiene reservada la habitación?

네, 이름은 김효은입니다.

씨, 아 놈브레 데 효은 김.
Sí, a nombre de HyoEun Kim.

여권 좀 보여주세요.

메 데하 베르 수 빠사뽀르떼, 뽀르 파보르.
Me deja ver su pasaporte, por favor.

8층 805호이고,
룸카드는 여기 있습니다.

아끼 띠에네 수 야베. 수 누메로 데 아비따씨온
에스 오초 쎄로 씽꼬 엔 엘 옥따보 삐소.
Aquí tiene su llave. Su número de habitación
es 805 en el octavo piso.

체크아웃은 몇 시까지인가요?

아스따 께 오라 뗑고 께 데하르 라 아비따씨온?
¿Hasta qué hora tengo que dejar la
habitación?

아침 식사는
몇 시부터 제공하나요?

아 께 오라 씨르벤 엘 데싸유노?
¿A qué hora sirven el desayuno?

와이파이 비밀번호가 뭐예요?

🎧 MP3 05-03

호텔 숙박 시 호텔에서 제공되는 다양한 서비스를 이용해 보자. 스페인 호텔은 대부분 객실 내에 비치된 음료, 컵라면 간식거리 등도 모두 요금이 있으니 먹기 전에 반드시 확인하고 이용해야 한다. 또한, 스페인의 대형 호텔 내에는 헬스클럽, 비즈니스센터, 수영장, 사우나, 식당 등의 시설이 갖추어져 있는 곳도 있고, 환전, 여행, 우체국 업무 등을 대행해 주는 곳도 있다. 혹시 다음 날 아침 일찍 체크아웃하고 출발해야 하는데, 이때 택시를 타야 한다면 프런트 데스크에 미리 예약해 콜택시를 불러 달라고 요청하자.

핵심
표현

꾸알 에슬 라 꼰뜨라세냐 델 위피?

¿Cuál es la contraseña del Wifi?

TIP

호텔 컨씨어지(concierge) 서비스

스페인어로는 꼰세르헤(Conserje)라고 한다. 여행지에 익숙하지 않은 여행객의 경우 호텔에서 가장 편하게 도움받을 수 있는 직원으로 '컨시어지'가 있다. 호텔 컨시어지는 고급호텔 또는 휴양지 호텔에는 일반화된 서비스로 근처 유명 음식점 예약뿐만 아니라 항공편 예약, 관광지 안내 등 투숙객의 다양한 요구를 들어준다.

※참고로 호텔에 관한 일반 문의 사항은 프런트 직원에게 하면 된다. 작은 호텔의 경우, 프런트 직원이 컨씨어지의 업무를 대신하기도 한다.

제 짐을 좀 방으로
옮겨 주시겠어요?

뽀드리아 수비르 미 에끼빠헤 알 라 아비따씨온,
뽀르 파보르?

¿Podría subir mi equipaje a la habitación,
por favor?

여기 1103호인데요.

에슬 라 아비따씨온 우노 우노 쎄로 뜨레스.

Es la habitación 1103.

수건 좀 더 갖다 주시겠어요?

뽀드리아 뜨라에르메 마스 또아야스, 뽀르 파보르?

¿Podría traerme más toallas, por favor?

내일 아침 6시에 모닝콜 좀
해주시겠어요?

뽀드리아 데스뻬르따르메 마냐나 알 라스 쎄이스 델
라 마냐나, 뽀르 파보르?

¿Podría despertarme mañana a las seis de
la mañana, por favor?

이 호텔에 공항 셔틀버스가
있나요?

에스떼 오뗄 띠에네 쎄르비씨오 데 뜨란스뽀르떼 알
아에로뿌에르또?

¿Este hotel tiene servicio de transporte al
aeropuerto?

택시 좀 불러주시겠어요?

뽀드리아 야마르메 운 딱씨?

¿Podría llamarme un taxi?

에어컨이 고장 난 거 같아요.

🎧 MP3 05-04

호텔 숙박 시 발생하는 여러 문제에 대해서는 호텔의 프런트 데스크에 연락하면 직원의 도움을 받을 수 있다.

핵심
표현

끄레오 께 엘 아이레 아꼰디씨오나도 노 푼씨오나.

Creo que el aire acondicionado no funciona.

TIP

알아두면 좋은 호텔 관련 단어

배스띠블로	레쎕씨온	아비따씨온	데뽀씨또
vestíbulo	recepción	habitación	depósito
로비	프런트	객실	보증금
레씨보	네베라	뗄레비소르	꼰뜨롤 레모또
recibo	nevera	televisor	control remoto
영수증	냉장고	텔레비전	리모컨
까마	사바나스	두차	이노도로
cama	sábanas	ducha	inodoro
침대	시트	샤워기	변기
야베 마그네띠까	아이레 아꼰디씨오나도		살리다 데 에메르헨씨아
llave magnética	aire acondicionado		salida de emergencia
룸카드	에어컨		비상구
쎄삐요 데 디엔떼스		빠스따 데 디엔떼스	
cepillo de dientes		pasta de dientes	
칫솔		치약	

인터넷이 안 돼요.

노 뿌에도 악쎄데르 아 인떼르넷.
No puedo acceder a Internet.

뜨거운 물이 안 나와요.

노 아이 아구아 깔리엔떼.
No hay agua caliente.

침대 시트가 더러워요,
바꿔주세요.

라스 사바나스 에스딴 수씨아스, 깜비에멜라스.
Las sábanas están sucias, cámbiemelas.

변기가 막혔어요.

엘 이노도로 에스따 블로께아도.
El inodoro está bloqueado.

룸카드를 안 가지고 나왔어요.

데헤 미 야베 마그네띠까 엘 라 아비따씨온.
Dejé mi llave magnética en la habitación.

바로 사람을 보내도록
하겠습니다.

바모스 아 엔비아르 아 알기엔 데 임메디아또.
Vamos a enviar a alguien de inmediato.

체크아웃 하기

지금 체크아웃 할게요.

🎧 MP3 05-05

스페인 호텔의 일반적인 퇴실 시간은 다음 날 오전 11시~12시 사이다. 입실할 때 퇴실 시간을 프런트에서 미리 확인하고, 시간이 지나면 추가 요금이 얼마나 붙는지 미리 확인해 두는 것이 좋다. 또한, 입실 시 냈던 보증금도 돌려받도록 하자.

핵심
표현

보이 아 데하르 라 아비따씨온 아오라.

Voy a dejar la habitación ahora.

※ '체크아웃하다'는 'hacer check-out (아쎄르 첵-아웃)'을 써도 좋다.

TIP

체크아웃 하기 전에 다시 한번 확인!

☑ 짐을 급하게 챙기지 말자! 짐은 퇴실 전날 최대한 여유를 갖고 정리하는 게 낫다. 출발하는 당일 짐을 챙기느라 부랴부랴 서두르다 보면 물건을 쉽게 빠트린다.

☐ 빠진 짐은 없는지 다시 한번 확인하자(특히 여권 소지 여부 및 귀중품 등)!
　　예 러쉬(Lush)에서 팩을 산 후, 냉장 보관 중이라면 냉장고 안도 다시 보자.

☐ 기내 반입이 불가한 물품은 미리 검색 후, 캐리어 안에 넣어두자.

☐ 공항까지 어떤 교통수단을 이용할지, 시간이 얼마나 걸리는지 등을 다시 한번 확인하자.

미리 체크아웃해도 될까요?

뿌에도 아쎄르 첵-아웃 운 뽀꼬 뗌쁘라노?
¿Puedo hacer check-out un poco temprano?

좀 늦게 체크아웃해도 되나요?

뿌에도 아쎄르 첵-아웃 운 뽀꼬 마스 따르데?
¿Puedo hacer check-out un poco más tarde?

계산서이니,
한번 확인해 주세요.

에스따 에스 수 팍뚜라. 뽀르 파보르, 레비셀라.
Esta es su factura. Por favor, revísela.

이건 무슨 요금이죠?

빠라 께 에스 에스따 깐띠닷?
¿Para qué es esta cantidad?

이건 드신 생수 비용입니다.

에스떼 에스 엘 꼬스또 델 아구아 미네랄 께 베비오.
Este es el costo del agua mineral que bebió.

계산이 잘못된 거 같습니다.

빠레쎄 께 라 꾸엔따 노 에스 꼬렉따.
Parece que la cuenta no es correcta.

✳ 숙소 유형 살펴보기 ✳

여행 계획을 짤 때 볼거리나 음식을 먹는데 예산을 많이 책정하면 저렴한 숙소를 선택할 것이고 편안한 잠자리를 중요하게 생각하면 비싸더라도 좋은 숙소를 고를 것이다. 숙소는 여행 경비 중 항공권 다음으로 비용이 많이 드는 항목이므로 여행 전에 숙소를 꼼꼼히 살펴보자.

고급 호텔

숙박료에 예산을 높게 잡았다면 여행에서 또 하나의 추억과 휴식이 될 수 있는 럭셔리 고급 호텔을 선택해 보자. 도미토리를 이용하면 가격이 더 저렴하다는 것도 알아두자.

★고급 호텔 체인 추천

힐튼 호텔(Hilton Hotel)
홈페이지 : www3.hilton.com

그랜드 하얏트 호텔(Grand Hyatt)
홈페이지 : www.hyatt.com

비즈니스 호텔

숙소, 음식, 관광 중에서 어느 것 하나도 포기할 수 없다면 합리적인 가격과 쾌적한 환경을 제공하는 비즈니스 호텔을 선택해보자.

★비즈니스 호텔 체인 추천

홀리데이 인(Holiday Inn)
홈페이지 : www.ihg.com

이비스 호텔(ibis)
홈페이지 : www.ibishotel.com

유스호스텔

해외를 여행하는 다양한 사람들을 만나고 싶
다면 저렴하면서도 실속 있는 유스호스텔을
선택해보자.

★유스호스텔 맛보기

호스텔월드(HostelWorld)
홈페이지 : www.hostelworld.com

부킹닷컴(Booking.com)
홈페이지 : www.booking.com

스페인의 특별한 숙소
파라도르(Parador)

스페인 전역에 있는 고성, 아름다운 궁전 또는
귀족의 저택, 고즈넉한 수도원 등 역사적 가치
가 있는 건축물을 호텔로 개조해 정부에서 운
영하는 국영호텔이다. 파라도르(Parador)는
스페인만의 독특한 숙박 형태로, 중세 유럽의
분위기를 고스란히 담고 있으며, 현재 94개의
파라도르 호텔이 운영되고 있다. 해안가, 절벽,
숲 등 자연환경이 뛰어난 지역에 있으며, 발렌
시아, 말라가의 파라도르에서는 골프를 즐길
수 있는 시설도 마련되어 있어 여행객들의 다
양한 요구를 충족시켜 준다. 호텔의 또 다른 특
징은 호텔 레스토랑의 메뉴로, 각 지점의 특색
을 유지하고 그 정체성을 살리기 위해 지역의
전통음식을 제공하고 있다. 파라도르에서 조식
을 즐기는 것은 색다른 경험이 될 것이다.

파라도르(Parador)
홈페이지 : www.parador.es

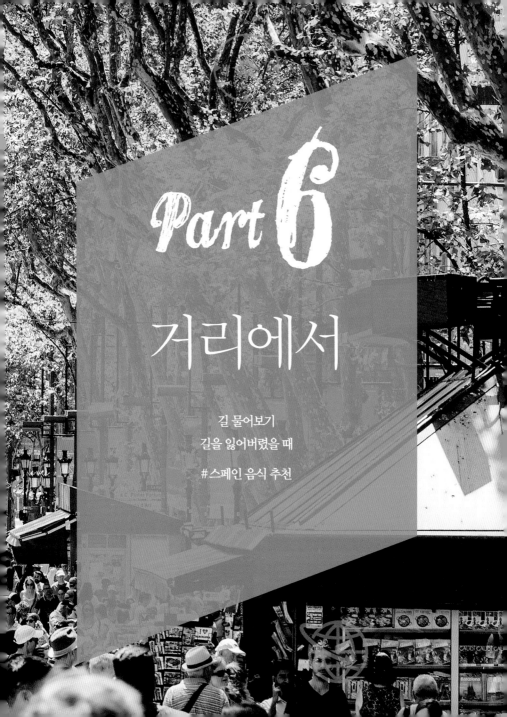

Part 6

거리에서

길 물어보기

길을 잃어버렸을 때

#스페인 음식 추천

아또차 역까지 어떻게 가나요?

🎧 MP3 06-01

여행을 하다 보면 지도를 봐도 도무지 가려고 하는 장소를 찾지 못할 때가 있다. 그럴 때 아래 핵심 표현을 사용해 길을 물어보자.

핵심
표현

꼬모 쎄 바 알 라 에스따씨온 데 아또차?

¿Cómo se va a la estación de Atocha?

TIP

간판 미리보기!

해외에 가기 전에 미리 간판 모양과 주요 단어의 뜻을 파악해두면, 길을 찾는데 도움이 된다.

바뇨
Baño
화장실

메뜨로
Metro
지하철

에스따씨온 데 뽈리씨아
Estación de policía
경찰서

방꼬
Banco
은행

오피씨나 데 꼬레오스
Oficina de correos
우체국

오스삐딸
Hospital
병원

(메모한 목적지를 보여주며)
여기로 가고 싶은데요.

끼에로 이르 아끼.
Quiero ir aquí.

이 근처에 화장실이 있나요?

아이 운 바뇨 뽀르 아끼?
¿Hay un baño por aquí?

계속 직진하세요.

씨, 씨가 또도 렉또.
Sí, siga todo recto.

가장 가까운 약국은
어디에 있나요?

돈데 에스따 라 파르마씨아 마스 쎄르까나?
¿Dónde está la farmacia más cercana?

동물원을 찾고 있어요.

에스또이 부스깐도 엘 소올로히꼬.
Estoy buscando el zoológico.

얼마나 걸리죠?

꾸안또 띠엠뽀 쎄 따르다라?
¿Cuánto tiempo se tardará?

길을 잃었어요.

MP3 06-02

최근에는 대부분의 여행객들이 길을 찾아주는 앱을 사용해서 길을 잃거나 헤매는 경우가 거의 없다. 하지만 현지의 숨은 맛집이나 멋집 등은 앱 지도에서 찾기가 힘들다. 그럴 때 아래의 핵심 표현을 사용해 길을 물어보자.

핵심
표현

에스또이 뻬르디도.

Estoy perdido.

TIP

방향을 나타내는 표현!

길을 물어봐도 스페인어를 못하면 알아들을 수 없다. 가기 전에 방향에 관한 표현을 익히고 가자. 그래도 어렵다면 아래 메모장에 약도를 그려달라고 부탁해 보자.

씨가 렉또	히레 알 라 데레차	히레 알 라 이쓰끼에르다	끄루쎄
Siga recto	Gire a la derecha	Gire a la izquierda	Cruce
직진하세요	우회전하세요	좌회전하세요	사거리

Memo

★ 약도를 좀 그려주시겠어요?

뽀드리아 디부하르메 운 마빠 아끼, 뽀르 파보르?

¿Podría dibujarme un mapa aquí, por favor?

이 거리를 뭐라고 부르죠?

꼬모 쎄 야마 에스따 까예?
¿Cómo se llama esta calle?

여기가 어디죠?

돈데 에스따모스 아오라?
¿Dónde estamos ahora?

여기가 어디인지 모르겠어요.

노 쎄 돈데 에스또이.
No sé dónde estoy.

어디에 가려고요?

아 돈데 바?
¿A dónde va?

프라도 미술관에 가려고요.

보이 알 무세오 델 쁘라도.
Voy al Museo del Prado.

곧장 가시다가 우회전하세요.

씨가 또도 렉또 이 데스뿌에스 히레 알 라 데레차.
Siga todo recto y después gire a la derecha.

* 스페인 음식 추천 *

스페인은 지중해로 둘러싸여 있어 신선한 해산물을 활용한 다양한 요리가 많다. 점심 시간대에는 우리 나라의 '런치 메뉴'와 같이 코스요리인 '오늘의 요리(Menú del día 메누 델 디아)'를 저렴하게 즐길 수 있다. 그 외에 스페인에서만 느낄 수 있는 다양한 먹거리도 함께 알아보자.

빠에야(Paella)

빠에야는 검은색의 오징어 먹물 빠에야도 있지만, 사프란이라는 향신료를 넣어 노란색을 띠는 것이 특징이다. 한국인 입맛에도 잘 맞아 인기가 있지만 약간 짜게 느껴진다.

- 약간 덜 짜게 해주세요.
  Menos sal, por favor. 메노스 살, 뽀르 파보르.

하몬(Jamón)

돼지 뒷다리를 소금에 절인 후 건조해 만든 스페인식 전통 햄이다. 숙성기간과 종류에 따라 맛과 가격이 다양하다. 하몬은 얇게 썰어 그대로 먹기도 하지만 멜론 위에 올려 먹거나 바게트와 함께 먹는다.

이베리코산 흑돼지를 사용한
'하몬 이베리코 데 베요타'가 하몬 중 최상급

가스파초(Gaspacho)

토마토를 베이스로 만든 시원하고 새콤달콤한 수프인 가스파초는 스페인 안달루시아 지방의 전통요리이며 스페인 사람들이 모두 좋아하는 요리다. (토마토, 오이, 피망, 마늘, 올리브유, 식초, 소금, 얼음을 넣고 갈아서 차갑게 즐기는 수프)

상그리아(Sangria)

스페인 식사에서 빠지지 않고 등장하는 스페인 칵테일의 일종인 상그리아는 레드 와인에 과일과 소다수를 넣어 차갑게 마시는 음료다. 도수가 높지 않고 향긋한 향이 좋아 식사와 함께 가볍게 마시기 좋은 와인이다.

★식전 음식 및 술안주

타파스(Tapas) : 식전 애피타이저 또는 맥주 안주로 각종 재료를 올려 한입 또는 두 입에 먹을 수 있는 크기로 제공된다.

감바스 알 아히요(Gambas al ajillo) : 새우와 마늘을 올리브유에 튀기듯이 끓여내고 매운 고추를 넣어 매콤한 맛을 더한 요리다. 기름을 따라내지 않고 냄비째 그대로 먹는 것이 특징이다.

초리소(Chorizo) : 하몬을 만들고 남은 돼지고기를 잘게 다져 고추 및 마늘과 향신료 등을 섞어 건조한 스페인의 전통 소시지다. 식전 애피타이저 또는 맥주 안주로 먹기도 하지만, 매콤한 맛과 깊은 풍미가 좋아 다양한 요리에 사용된다.

초리소

이쑤시개를 꽂은 것은 '핀초'

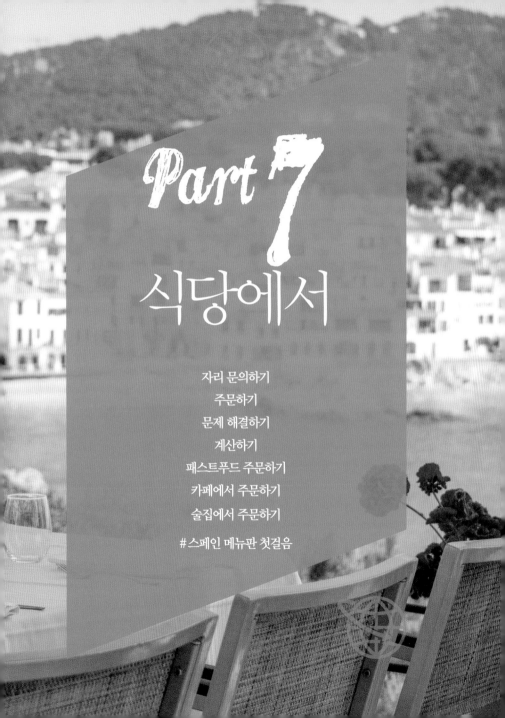

Part 7

식당에서

얼마나 기다려야 하죠?

🎧 MP3 07-01

스페인으로 여행을 가면 정말 볼 것도 먹을 것도 다양한데, 특히 식도락의 즐거움을 빼놓을 수 없다. '음식 천국'이라 불리는 스페인의 식당은 파는 음식도 다양하고, 식당에 따라 주문 방법도 조금씩 다르다. 특히 여행객들의 경우 사전에 조사 후, 유명한 식당을 찾게 되는데 인기가 많은 곳은 예약하지 않으면 장시간 기다려야 한다. 이때 아래의 핵심 표현을 사용해 식당 종업원에게 질문해 보자.

핵심
표현

꾸안또 띠엠뽀 뗑고 께 에스뻬라르?

¿Cuánto tiempo tengo que esperar?

TIP

식당 예약 연습하기!

여행을 가서 현지 식당에서 곧바로 예약하는 경우는 드물겠지만 만약의 경우를 대비해 간단한 표현들을 익혀보자.

내일 저녁 6시에 예약을 하고 싶은데요.
끼에로 레세르바르 우나 메사 마냐나 알 라스 세이스 델 라 따르데.
Quiero reservar una mesa mañana a las 6:00 de la tarde.

몇 분이세요?
꾸안또스 손?
¿Cuántos son?

두 명이요. 제 이름은 ○○○입니다.
소모스 도스. 메 야모 ○○○.
Somos dos. Me llamo ○○○.

식당에서는 숫자 표현이 어렵다면, 손가락으로 표시해 주자!

예약하셨나요?

띠에네 우스뗏 우나 레쎄르바?
¿Tiene usted una reserva?

아니요. 두 사람 자리 있나요?

노. 아이 우나 메사 빠라 도스?
No. ¿Hay una mesa para dos?

정말 죄송하지만,
지금은 자리가 없네요.

로 씨엔또, 노 아이 메사 리브레 아오라.
Lo siento, no hay mesa libre ahora.

이쪽으로 앉으세요.

뿌에데 센따르쎄 아끼.
Puede sentarse aquí.

원하는 곳에 앉으세요.

뿌에데 센따르쎄 돈데 끼에라.
Puede sentarse donde quiera.

금연석으로 주세요.

메 구스따리아 우나 메사 빠라 노 푸마도레스.
Me gustaría una mesa para no fumadores.

+PLUS
□ 흡연석 una mesa para fumadores

저기요, 주문할게요.

MP3 07-02

음식 주문은 한국과 마찬가지로 종업원에게 원하는 메뉴를 말하거나 주문서에 체크한 후 전달한다. 영어를 못 해도 전혀 문제가 없다. 손가락으로 메뉴판을 가리키며 '에스또(esto, 이것)'라고 말하면 충분하다.

**핵심
표현**

디스꿀뻬, 메 구스따리아 뻬디르.

Disculpe, me gustaría pedir.

TIP

음식을 주문할 때

음식을 주문한 후에 조리 방법, 드레싱 등 음식과 관련된 대화가 이어진다. 음식을 주문할 때 사용하는 표현들을 미리 알아보자.

 계란 Huevo 우에보

■ 계란은 어떻게 해드릴까요?
꼬모 레 구스따리안 수스 우에보스?
¿Cómo le gustarían sus huevos?

■ 난 흐르는 노른자를 좋아해요.
메 구스따 라 예마 리끼다.
Me gusta la yema líquida.

■ 난 완전히 익힌 노른자를 좋아해요.
메 구스따 라 예마 꼼쁠레따멘떼 꼬씨다.
Me gusta la yema completamente cocida.

달걀 요리법

huevos revueltos	우에보스 레부엘또스	스크램블
huevos fritos	우에보스 프리또스	달걀 프라이
huevo mollet	우에보 모옛	반숙(노른자가 크림인 상태)
huevo duro	우에보 두로	완숙
huevo escalfado	우에보 에스깔파도	수란

샐러드 　Ensalada 엔살라다

- 드레싱을 어떻게 해드릴까요?
  께 아데레쏘 레 구스따리아?
  ¿Qué aderezo le gustaría?

- 어떤 드레싱이 있나요?
  께 띠뽀스 데 아데레쏘스 띠에네?
  ¿Qué tipos de aderezos tiene?

- 드레싱은 한쪽에 따로 주시겠어요?
  뽀드리아 쎄르비르메 마스 아데레쏘 아빠르떼?
  ¿Podría servirme más aderezo aparte?

드레싱 종류

Aderezo de Miel y Mostaza	아데레쏘 데 미엘 이 모스따싸	허니 머스터드
Aderezo Mil islas	아데레쏘 밀 이슬라스	사우전드 아일랜드
Aderezo Balsámico	아데레쏘 발싸미꼬	발사믹
Aderezo Francés	아데레쏘 프란쎄스	프렌치
Aderezo Italiano	아데레쏘 이딸리아노	이탈리안
Aderezo Oriental	아데레쏘 오리엔딸	오리엔탈
Aderezo de Yogur	아데레쏘 데 요구르	요구르트

허니 머스타드　사우전드 아일랜드　발사믹　프렌치

이탈리안　오리엔탈　요구르트

- 스테이크를 어떻게 해드릴까요?
  꼬모 끼에레 수 비스떽?
  ¿Cómo quiere su bistec?

- 이건 너무 설 익었어요.
  에스따 무이 로호 빠라 미.
  Está muy rojo para mí.

- 너무 바짝 구워졌어요.
  에스따 레꼬씨다.
  Está recocida.

스테이크 굽기 정도

Crudo	끄루도(레어)	설 익힌 상태
Medio Crudo	메디오 끄루도(미디움 레어)	조금 더 익힌 상태
Término Medio	떼르미노 메디오(미디움)	익힌 부분과 붉은 부분이 선명한 상태
Tres Cuartos	뜨레스 꾸아르또스(미디움 웰)	익힌 부분이 대부분인 상태
Bien asado	비엔 아사도(웰던)	완전히 익힌 상태

끄루도   메디오 끄루도   떼르미노 메디오
Crudo   **Medio Crudo**   **Término Medio**
레어   미디움 레어   미디움

뜨레스 꾸아르또스   비엔 아사도
Tres Cuartos   **Bien asado**
미디움 웰   웰던

메뉴판 좀 주시겠어요?	뿌에데 뜨라에르메 엘 메누, 뽀르 파보르? ¿Puede traerme el menú, por favor?
이 집의 대표 메뉴가 뭐죠?	꾸알 에슬 라 에스뻬씨알리닷 델 라 까사? ¿Cuál es la especialidad de la casa?
어떤 음식을 추천하나요?	께 메 레꼬미엔다? ¿Qué me recomienda?
가리시는 음식이 있나요?	띠에네 알구나스 레스뜨릭씨오네스 엔 수 디에따? ¿Tiene algunas restricciones en su dieta?
양파는 넣지 말아 주세요.	노 뽕간 쎄보야, 뽀르 파보르. No pongan cebolla, por favor.
산 미구엘 맥주 두 병, 차가운 것으로요.	도스 보떼야스 데 쎄르베싸 산 미겔 비엔 프리아스, 뽀르 파보르. Dos botellas de cerveza San Miguel bien frías, por favor.

주문한 음식이 아직 안 나왔어요. 🎧 MP3 07-03

식당에서 가끔 예기치 못한 일이 발생하기도 하는데, 예를 들어 주문한 음식이 안 나오거나 주문했던 것과 다른 음식이 나오는 경우가 있다. 그럴 때는 당황하지 말고 우선 '익스큐즈 미(Excuse me)'라고 영어로 말해도 좋고, 또는 '디스꿀뻬(Disculpe)'라고 스페인어로 말하면서 직원을 부르면 된다.

핵심
표현

또다비아 노 메 안 세르비도 라 꼬미다.

Todavía no me han servido la comida.

TIP

식당 문화 살펴보기!

■ 음료 주문하기
스페인에서는 레스토랑에서 물을 서비스로 주지 않고 모두 '유료'이므로 주의하자.
그리고 음식을 주문하기 전에 음료 먼저 시키는 것이 스페인의 식당 문화이다.

물은 유료

❶ 탄산수	아구아 꼰 가스	Agua con gas
❷ 미네랄 워터	아구아 씬 가스	Agua sin gas
❸ 오렌지 주스	후고 데 나랑하	Jugo de naranja
❹ 맥주	쎄르베사	Cerveza

■ 꾸비에르또스(Cubiertos) : 나이프, 포크, 스푼 등 식탁용 식기
　- 포크, 나이프, 스푼이 여러 개인 경우 바깥쪽부터 사용한다.
　- 나이프와 포크를 접시 위에 나란히 놓으면 식사가 끝났다는 표시이다.

■ 냅킨(세르비예따 Servilleta)
　- 자리에 앉은 후 무릎에 놓는다.　　　　　　- 테이블을 잠시 떠나는 경우 의자에 둔다.
　- 식사가 끝나면 접시의 왼쪽에 놓아둔다.

■ 와인(비노 Vino)을 주문할 때 : 와인 한 잔(/한 병) 주세요.
　- 잔으로 주문 : 메 구스따리아 우나 꼬빠 데 비노. Me gustaría una copa de vino.
　- 병으로 주문 : 메 구스따리아 우나 보떼야 데 비노. Me gustaría una botella de vino.

이건 제가 주문한 게 아닌데요.

에스또 노 에스 로 께 에 뻬디도.

Esto no es lo que he pedido.

저는 볶음밥을 주문했어요.

에 뻬디도 엘 아로쓰 프리또.

He pedido el arroz frito.

+PLUS
▫ 쌀밥 아로쓰 arroz
▫ 면 피데오 fideo

음식 좀 빨리
가져다주시겠어요?

뽀드리아 쎄르비르메 라 꼬미다 운 뽀꼬 라삐도?

¿Podría servirme la comida un poco rápido?

자리를 저기로 옮겨도 될까요?

뿌에도 모베르메 아 오뜨라 메사?

¿Puedo moverme a otra mesa?

수프 좀 더 주시겠어요?

뽀드리아 쎄르비르메 마스 소빠, 뽀르 파보르?

¿Podría servirme más sopa, por favor?

젓가락 좀 주세요.

데메 우노스 빨리요스, 뽀르 파보르.

Deme unos palillos, por favor.

Part 7

식당에서

계산하기

저기요, 계산해 주세요.

🎧 MP3 07-04

식사 후에는 계산을 해야 하는데, 바로 앉은 자리에서 계산하는 식당도 있다. 대부분
고급 식당에서 이런 경우가 많은데, 금액을 확인하고 돈을 준비해야 하므로 식사가
끝나갈 즈음에 종업원에게 계산서를 미리 요청하자.

핵심
표현

오이가, 라 꾸엔따, 뽀르 파보르.

Oiga, la cuenta, por favor.

TIP

비접촉식 결제 서비스(Contactless Payment Service)

- 페이웨이브(PayWave)

모바일 결제가 보편화된 요즘, 해외여행 시에도 간편한 비자카드
의 페이웨이브 서비스를 이용해보자. 서명이나 비밀번호를 입력하
지 않아도 단말기에 갖다 대기만 하면 결제가 되며 유럽에서 많이
사용한다.

- 애플 페이(Apple Pay)

애플 페이는 애플 계정에 연동된 신용카드 정보를 먼저 저장해둔 후 '아이폰'이나 '애플워치'로 결제하는
방식이다. 신용카드를 꺼내 서명할 필요 없이 스마트폰을 근접무선통신(NFC) 단말기에 대기만 하면 결
제되며 미국에서 편리하게 사용할 수 있다.

전부 얼마죠?

꾸안또 에스 또도?
¿Cuánto es todo?

계산은 제가 할게요.

보이 아 빠가르 라 꾸엔따.
Voy a pagar la cuenta.

거스름돈을 잘못 줬어요.

노 메 아 다도 엘 깜비오 꼬렉또.
No me ha dado el cambio correcto.

거스름돈은 안 주셔도 돼요.

께데쎄 꼰 엘 깜비오.
Quédese con el cambio.

영수증 주세요.

데메 엘 레씨보, 뽀르 파보르.
Deme el recibo, por favor.

이 금액은 뭐죠?

꾸알 에스 에스따 깐띠닷?
¿Cuál es esta cantidad?

빅맥 세트 1개 주세요.

🎧 MP3 07-05

해외여행을 하면 처음에는 현지의 생소하고 다양한 먹거리에 재미를 느끼기도 하지만, 이내 익숙한 맛이 그리워진다. 이럴 경우에는 전 세계 어디서든 비슷한 맛을 내는 패스트푸드 체인점에 가보는 것도 좋은 방법이다. 거리를 걷다 보면 한국에서 봤던 익숙한 간판들이 눈에 띄는데, 맛도 비슷하고 주문 방식도 한국과 차이가 거의 없다. 번호와 세트 메뉴를 말하면 주문이 끝난다.

핵심
표현

데메 운 막메누 데 빅멕.

Deme un McMenú de Big Mac.

TIP

대표적인 패스트푸드 프랜차이즈!

해외에 나가면 다양한 패스트푸드 전문점들이 있는데, 그중 대표적인 몇 가지를 알아보자.

까에페쎄
KFC
케이에프씨

막도날스
McDonald's
맥도날드

써브웨이
Subway
써브웨이

인앤아웃
In-N-Out
인앤아웃

웬디스
Wendy's
웬디스

부르가르낑
Burger King
버거킹

(맥도날드에서)
빅맥 세트 1개 주세요.

데메 운 막메누 데 빅멕.
Deme un McMenú de Big Mac.

음료는 뭐로 하시겠어요?

께 끼에레 빠라 또마르?
¿Qué quiere para tomar?

사이다로 주세요.

데메 운 에스쁘라잇.
Deme un Sprite.

콜라 대신 오렌지 주스로
바꿀 수 있나요?

뿌에도 깜비아르 라 꼬까-꼴라 뽀르 운 후고 데 나랑하?
¿Puedo cambiar la Coca-Cola por un jugo de naranja?

여기서 드실 거예요,
가지고 가실 거예요?

빠라 아끼 오 빠라 예바르?
¿Para aquí o para llevar?

여기서 먹을게요.

보이 아 꼬메르 아끼.
Voy a comer aquí.

아이스 아메리카노 한 잔 주세요.

🎧 MP3 07-06

커피는 전 세계적으로 가장 많이 판매되는 인기 음료 중 하나다. 여행을 하다 보면 거리 곳곳에 있는 커피 전문점들이 여행객들의 시선을 사로잡는다. 전 세계 어디서든 볼 수 있는 프랜차이즈보다는 각 나라의 독특한 문화와 디자인으로 꾸며진 커피숍을 방문하여 그곳의 커피 향과 맛을 직접 음미하는 것도 여행의 즐거움을 배가 시켜줄 것이다. 여기서는 커피를 주문하는 표현을 익혀보자.

핵심
표현

운 까페 아메리까노 엘라도, 뽀르 파보르.

Un café americano helado, por favor.

TIP

카페 메뉴 미리보기!

스타벅스 같은 곳에서는 커피 이름을 영어로 말해도 통할 수 있지만 스페인식 발음을 미리 알고 가는 것이 좋다.

아메리까노
Americano
아메리카노

까페 에스프레소
Café expreso
에스프레소

프라뿌치노
Frappuccino
프라프치노

까페 라떼 데 바이니야
Café latte de vainilla
바닐라라떼

떼 네그로
Té negro
홍차

떼 베르데 라떼
Té verde Latte
녹차라떼

까페 모까
Café moca
모카 커피

까라멜 마끼아또
Caramel Macchiato
카라멜마끼아또

(스타벅스에서)
따뜻한 시그니처 초콜릿 한 잔
주세요.

운 초꼴라떼 깔리엔떼 시그나뚜르, 뽀르 파보르.
Un chocolate caliente Signature, por favor.

어떤 사이즈로 드릴까요?

께 따마뇨 데 따싸 끼에레?
Qué tamaño de taza quiere?

톨(중간) 사이즈로 주세요.

운 딸, 뽀르 파보르.
Un tall, por favor.

+PLUS
□ 그란데 그란데 grande
□ 벤티 벤띠 venti

뜨거운 물 좀 더 주세요.

데메 마스 아구아 깔리엔떼, 뽀르 파보르.
Deme más agua caliente, por favor.

+PLUS
□ 얼음 이엘로 hielo

치즈 케이크 한 조각 주세요.

운 뜨로소 데 빠스뗄 데 께소, 뽀르 파보르.
Un trozo de pastel de queso,
por favor.

빨대는 어디 있나요?

돈데 에스딴 라스 빠히따스?
¿Dónde están las pajitas?

생맥주 한 잔 주세요.

🎧 MP3 07-07

수제 로컬 맥주를 뜻하는 크래프트 맥주(craft beer)가 전 세계적으로 열풍을 일으키고 있다. 스페인어로는 수제 맥주를 '쎄르베사 아르떼사날(cerveza artesanal)'이라고 한다. 소규모 양조장 쎄르베쎄리아(cervecería)에서 자체 개발되고 있기 때문에 독특한 풍미와 다양한 맛이 특징이다. 다양한 맥주 맛을 찾아다니는 여행 또한 좋은 추억이 될 것이다.

핵심
표현

데메 우나 까냐, 뽀르 파보르.

Deme una caña, por favor.

스페인의 술 종류

스페인 술 하면 대부분 와인을 떠올린다. 하지만 스페인은 독일, 영국, 폴란드 다음으로 맥주 생산량이 많은 국가이며, 과일을 발효시켜 만든 발효주도 다양하다. 그중에서도 한국인에게 인기 있고 마시기 좋은 술을 알아보자.

| 맥주 | cerveza 쎄르베사 |

대표 맥주 : 하이네켄(Heineken), 산 미구엘(San Miguel), 이네딧 담(Inedit Damm),
이호스 데 리베라(Hijos de Rivera)

하이네켄　　산 미구엘　　이네딧 담　　이호스 데
　　　　　　　　　　　　　　　　　　　　리베라

와인   Vino 비노

스페인은 프랑스와 이탈리아에 이어 세계에서 세 번째 와인 생산국이다. 주요 와인 생산지로는 리오하 (Rioja), 헤레스(Jerez), 뻬네데스(Penedes), 리베라 델 두에로(Ribera del Duero) 지방 등 여러 지역을 손꼽을 수 있다.

스페인 와인의 숙성 규정

Crianza	끄리안사	24개월의 숙성, 6개월은 오크통에서 숙성
Reserva	레세르바	36개월의 숙성, 1년은 오크통에서 숙성
Gran Reserva	그란 레세르바	60개월 숙성, 18개월은 오크통에서 숙성

와인의 용어

Vino Blanco	비노 블랑꼬	화이트 와인
Vino Tinto	비노 띤또	레드 와인
Rosado	로사도	로제 와인
Cava	까바	스파클링 와인(샴페인 방식)

화이트 와인   레드 와인   로제 와인   스파클링 와인

상그리아　Sangria

스페인에서 유래된 음료로 레드와인을 베이스로 하는 알코올음료이다. 사과, 복숭아, 오렌지 등의 과일과 설탕과 같은 감미료를 넣어 만든 음료로, 저렴한 와인을 맛있게 먹기 위한 목적으로 만들어진 것인 만큼, 굳이 비싼 와인을 쓸 필요는 없다.

상그리아 레시피

① 껍질을 까지 않은 사과와 오렌지, 레몬을 얇게 썬다.
② 얇게 자른 과일을 병에 담은 후 설탕을 살짝 넣어준다.
③ 와인을 넣어준다.
④ 뚜껑을 닫은 후 냉장고에 넣고 하루 정도 숙성시켜준다.
⑤ 하루 지난 후 꺼내어 컵에 과일과 와인을 반 정도 부어준다.
⑥ 상그리아에 탄산수 또는 사이다를 탄 뒤 취향에 따라 얼음을 띄워 시원하게 마신다.

헤레스　Jerez

셰리주('헤레스'를 영문화한 이름)는 스페인의 안달루시아 지방의 헤레스 델 라 프론떼라(Jerez de la Frontera)지역에서 생산되는 와인을 말한다. 엷은 색부터 진한 색까지 다양한 색깔과 드라이 한 맛에서 달콤한 맛까지 다양하다.

띤또 데 베라노　Tinto de verano

레드 와인에 달달한 소다수와 얼음과 레몬을 넣은 것으로 상그리아보다 칼로리가 낮다. 기본 베이스가 와인이라는 점은 같지만 상그리아보다 만들기가 편하다. 탄산음료나 레모네이드에 와인을 1:1의 비율로 섞어 얼음을 넣어주면 끝난다. 이 띤또 데 베라노를 코르도바 지방에서는 '바르가스'라고 부른다.

씨드라　Cidra

스페인 북부지역 사람들이 즐겨 마시는 '씨드라'는 사과를 발효시켜 만든 발포성 술이다. 알코올 도수는 5~8도 정도로 독하거나 달지 않고 신맛이 강하다. 스페인 하면 세계에서 포도밭이 가장 많은 나라로 알려졌지만 '씨드라'로 유명한 스페인 북부지역엔 포도밭보다 사과 과수원이 훨씬 많다. 씨드라를 따를 때 재미있는 점은 따르는 동안 공기와 최대한 접촉해 술의 신맛을 부드럽게 하기 위해서 씨드라 병을 한 손으로 머리 위까지 높이 들고 다른 한 손으로 잔을 허리춤에서 45도 정도 기울여 받는다.

무엇을 마시겠습니까?	께 끼에레 데 베베르? ¿Qué quiere de beber?
맥주 한 병 주세요.	우나 보떼야 데 쎄르베싸, 뽀르 파보르. Una botella de cerveza, por favor.
병따개는 어디 있죠?	돈데 에스따 엘 아브레보떼야스? ¿Dónde está el abrebotellas?
이 술은 몇 도나 되나요?	꾸안또스 그라도스 데 알꼬올 띠에네 에스떼 리꼬르? ¿Cuántos grados de alcohol tiene este licor?
위스키에 얼음을 넣어서 주세요.	위스끼 꼰 이엘로, 뽀르 파보르. Whisky con hielo, por favor.
한 병 더 주세요.	오뜨라 보떼야, 뽀르 파보르. Otra botella, por favor.

✽ 스페인 메뉴판 첫걸음 ✽

메뉴판에 음식 사진이 실려 있지 않으면 다소 생소한 스페인어 때문에 당황스러운 적이 있었을 것이다. 어떤 음식인지 정확히 알지 못한 상태에서 대충 주문하기도 한다. 하지만 걱정은 금물! 메뉴판에 있는 음식이 어떤 건지 몰라도 다음의 단어들을 통해 음식 재료나 조리법을 대충 짐작할 수 있다.

Mission 01 음식 종류 선택하기

아뻬리띠보	쁘리메르 쁠라또	세군도 쁠라또	뽀스뜨레	베비다
Aperitivo	**Primer plato**	**Segundo plato**	**Postre**	**Bebida**
애피타이저	첫번째 요리(수프, 샐러드)	메인 음식	후식	음료

Mission 02 요리 재료 선택하기

까르네 데 바까 / 레스	까르네 데 쎄르도 / 뿌에르꼬	떼르네라
Carne de vaca / res	**Carne de cerdo / puerco**	**Ternera**
소고기	돼지고기	송아지 고기

뽀요	빠보	꼬르데로	빠또	뻬스까도
Pollo	**Pavo**	**Cordero**	**Pato**	**Pescado**
닭고기	칠면조	양고기	오리고기	생선

Mission 03 조리법 파악하기

아사도	알 오르노	알 라 빠리야	꼬씨도
Asado	**Al horno**	**A la parrilla**	**Cocido**
구운 것	(오븐에) 구운 것	(석쇠 등에) 구운 것	끓여서 익힌 것

에스또파도	까라멜리싸도	프리또	살떼아도
Estofado	**Caramelizado**	**Frito**	**Salteado**
스튜	설탕에 졸인 것	튀김	볶음

아우마도	꼬씨도 알 바뽀르	소아사도
Ahumado	**Cocido al vapor**	**Soasado**
훈제	스팀에 찐 것	강한 불에 겉을 빨리 구운 것

Mission 04 음식 주문하기

여기에서 가장 유명한 요리는 무엇인가요?
꾸알 에슬 라 에스뻬씨알리닷 델 라 까사?
¿Cuál es la especialidad de la casa?

오늘의 특별 요리는 무엇인가요?
꾸알레스 손 로스 쁠라또스 에스뻬씨알레스 데 오이?
¿Cuáles son los platos especiales de hoy?

애피타이저로 치즈를 곁들인 튀긴 감자 주세요.
데 아뻬리띠보 끼에로 빠따따스 프리따스 꼰 께소.
De aperitivo quiero patatas fritas con queso.

메인 요리는 스테이크 주세요.
데 세군도 쁠라또 끼에로 운 비스떽.
De segundo plato quiero un bistec.

후식은 바닐라 아이스크림 주세요.
데 뽀스뜨레 끼에로 운 엘라도 데 바이니야.
De postre quiero un helado de vainilla.

음료는 생맥주 한 잔 주세요.
데 또마르 끼에로 우나 까냐.
De tomar quiero una caña.

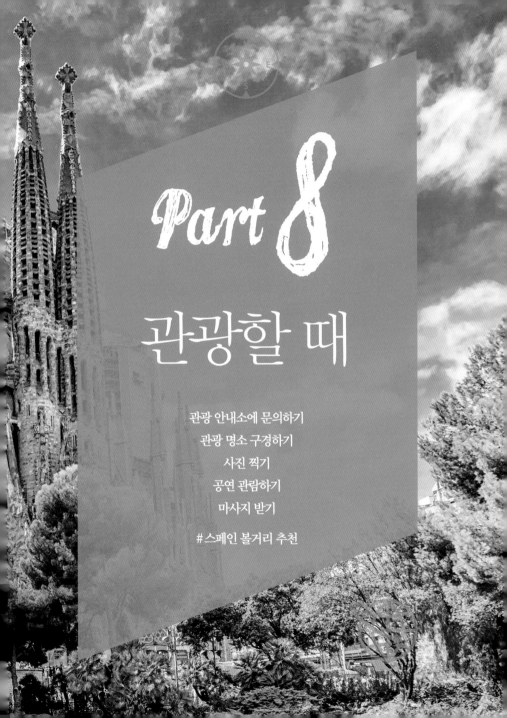

Part 8

관광할 때

관광 안내소에 문의하기
관광 명소 구경하기
사진 찍기
공연 관람하기
마사지 받기

#스페인 볼거리 추천

관광 안내소는 어디에 있나요?

🎧 MP3 08-01

관광 안내소는 시내 곳곳에서 찾아볼 수 있는데, 여행객들을 위한 다양한 서비스를 제공해준다. 무료 관광 안내뿐 아니라 현지 관광 상품 판매, 교통 노선에 대한 정보 제공, 숙박 장소 예약 및 식당 추천에 이르기까지 폭넓은 서비스를 해준다. 여행 전에 관광 계획을 제대로 세우지 못했거나 목적지까지 가는 방법이 헷갈릴 경우, 관광 안내소를 이용하는 것도 좋은 방법이다.

핵심
표현

돈데 에스따 라 오피씨나 데 임포르마씨온 뚜리스띠까?

¿Dónde está la Oficina de Información Turística?

TIP

관광을 할 때 주의 사항!

• 단체 여행 시에는 개인 행동을 삼가고, 길을 잃지 않게 가이드의 말에 귀를 기울이자.
• 현금은 분산시켜서 보관하는 게 안전하다. 특히 소매치기에 주의하자.
• 지갑이나 여권, 카메라 등의 귀중품은 신경 써서 관리하자.

관광 지도를 한 장 주세요.	데메 운 마빠 뚜리스띠꼬, 뽀르 파보르. Deme un mapa turístico, por favor.
한국어로 된 여행 가이드북 있나요?	아이 우나 기아 뚜리스띠까 엔 꼬레아노? ¿Hay una guía turística en coreano?
가볼 만한 곳을 추천해 주시겠어요?	뽀드리아 레꼬멘다르메 우노스 루가레스 뚜리스띠꼬스? ¿Podría recomendarme unos lugares turísticos?
여기서 걸어서 갈 수 있나요?	뿌에도 이르 아 삐에 데스데 아끼? ¿Puedo ir a pie desde aquí?
도착하는데 얼마나 걸리나요?	꾸안또 띠엠뽀 쎄 따르다 엔 예가르? ¿Cuánto tiempo se tarda en llegar?
시내 투어를 신청하고 싶은데요.	끼에로 레세르바르 빠라 라 비시따 아 라 씨우닷. Quiero reservar para la visita a la ciudad.

입장권을 어디에서 구입할 수 있나요? 🎧MP3 08-02

관광에 나서기 전, 문화 유적지나 박물관, 기념관, 극장 등의 쉬는 날과 개관, 폐관 시간을 미리 알고 있어야 일정에 차질이 생기지 않는다. 여러 명소를 볼 계획이면 할인이 되는 패스권이 유리하다. 날짜별 1일권, 3일권, 5일권이나 관광할 곳을 선택하여 미리 구입하면 비용이 절감된다. 또한, 관광지별로 학생과 노인을 할인 해 주는 곳이 많으므로 외출 시에는 여권을 잘 챙겨두자. 학생은 국제 학생증을 발급해가자.

핵심
표현

돈데 뿌에도 꼼쁘라르 라스 엔뜨라다스?

¿Dónde puedo comprar las entradas?

TIP

초 간단 대표 관광명소 추천!

- 마드리드 : 프라도 미술관, 마요르 광장, 레티로 공원, 엘 에스코리알, 그란비아, 푸에르타 델 솔 광장, 산 미겔 시장, 시벨레스 광장
- 바르셀로나 : 사그라다 파밀리아 성당, 구엘 공원, 까사 바뜨요, 까사 밀라, 라스 람블라스, 보께리아 시장, 카탈루냐 광장, 에스파냐 광장, 포트벨 항구, 몬세라테, 몬주익 성, 야간명소 몬주익 분수 쇼, 라 바르셀로네따 해수욕장, 마르베야 해수욕장
- 코르도바 : 라 메스끼따
- 그라나다 : 알함브라 궁전
- 발렌시아 : 뷰뇰에서 8월 마지막 주 화요일에 열리는 토마토 축제
- 팜플로나 : 매년 7월 6일에 주도인 팜플로나(Pamplona)에서 개최되는 축제이다. 7월 6일 정오에 시작하여 7월 14일 자정에 끝난다. 축제 기간 동안에는 아침 8시에 소몰이 행사가 열린다.

프라도 미술관   라스 람블라스   라 메스끼따   알함브라 궁전

입장권은 얼마예요?	꾸안또 꾸에스따 라 엔뜨라다? ¿Cuánto cuesta la entrada?
이 박물관은 입장권을 사야 하나요?	네쎄시또 꼼쁘라르 우나 엔뜨라다 빠라 에스떼 무세오? ¿Necesito comprar una entrada para este museo?
학생 할인되나요?	아이 운 데쓰꾸엔또 빠라 에스뚜디안떼스? ¿Hay un descuento para estudiantes?
폐관은 몇 시에 하나요?	아 께 오라 씨에란? ¿A qué hora cierran?
팸플릿이 있나요?	띠에넨 운 포예또? ¿Tienen un folleto?
기념품을 파는 곳이 있나요?	아이 우나 띠엔다 데 레꾸에르도스? ¿Hay una tienda de recuerdos?

사진 좀 찍어 주시겠어요?

🎧 MP3 08-03

관광지에 가면 사진 촬영은 필수다. 혼자 여행 중이라 사진 찍기 난감한 경우나 같이 간 일행과 다 같이 나온 사진을 찍고 싶을 때, 아래 핵심 표현을 사용해 사진을 요청해 보자. 참고로 스페인의 유명 관광지 중에는 멋진 배경에서 사진을 찍으려고 할 때 자릿값을 요구하는 경우도 있다. 돈을 내면 사진을 찍어주기도 하는데, 사진 촬영 전에 돈을 지급해야 하는지도 미리 살펴보자.

핵심
표현

뽀드리아 또마르메 우나 포또, 뽀르 파보르?

¿Podría tomarme una foto, por favor?

TIP

각종 주의 표시 알고 가기!

노 엔뜨라르
No entrar
출입 금지

노 푸마르
No fumar
흡연 금지

노 또까르
No tocar
손대지 마세요

쁘로이비도 또마르 포또스
Prohibido tomar fotos
사진 촬영 금지

120

여기서 사진 찍어도 되나요?

뿌에도 또마르 우나 포또 아끼?
¿Puedo tomar una foto aquí?

여기는 촬영 금지 구역입니다.

에스따 쁘로이비도 또마르 포또스 아끼.
Está prohibido tomar fotos aquí.

제가 사진 찍어 드릴까요?

끼에레 께 레 또메 라 포또?
¿Quiere que le tome la foto?

이 버튼을 누르면 돼요.

쁘레시오네 에스떼 보똔.
Presione este botón.

하나, 둘, 셋, 치즈!

우노, 도스, 뜨레스, 디가 '치즈'!
¡Uno, dos, tres, diga 'cheese'!

+PLUS
치즈는 한국에서 사진을 찍을 때 '김치~'라고 하는 표현과 같다.

한 장만 더 찍어주시겠어요?

뽀드리아 또마르메 우나 마스, 뽀르 파보르?
¿Podría tomarme una más, por favor?

내일 밤 공연 표를 사고 싶은데요.

🎧 MP3 08-04

여행 중에 공연을 관람하고 싶으면, 여행 일정을 짜기 전에 공연 일정을 미리 확인하는 것이 좋다. 사전에 예약을 하면 할인이 되거나 원하는 좌석에 앉을 수 있다. 하지만 부득이한 사정으로 예약을 하지 못했다면, 아래 핵심 표현을 이용하여 표를 구매해보자.

핵심 표현

끼에로 꼼쁘라르 우나 엔뜨라다 빠라 마냐나, 세시온 데 노체.

Quiero comprar una entrada para mañana, sesión de noche.

TIP

세비야 플라멩코 박물관의 플라멩코 공연 티켓 예약하기

예약 사이트 : www.flamencotickets.com

01 사이트 접속	**02** 공연 선택	**03** 날짜와 시간 선택	**04** 가격 계산하기	**05** 결제하기
사이트에 접속→첫 화면 도시 사진 중 공연을 보려는 도시를 클릭한다.	플라멩코 쇼 사진 중에서 원하는 쇼의 사진을 클릭한다.	Reserve your Tickects 섹션에서 빨간 글씨로 쓰인 Select a date 클릭 → 달력에서 관람할 날짜 선택 → 해당 날짜에 공연시간 선택→Next 클릭한다.	성인/아이/학생/65세 이상인지를 확인하고 Quantity에 티켓 숫자를 써넣으면 자동으로 입장료가 계산된다.	맨 아래 빨간색으로 된 Proceed to Checkout 클릭 → Customer Information(고객 정보) 작성 후 continue to next step 누르고 결제한다.

오늘 밤에 상연하는 것은 뭐죠?

께 에벤또 아이 에스따 노체?
¿Qué evento hay esta noche?

무대와 가까운 좌석으로
주세요.

메 구스따리아 운 아씨엔또 마스 쎄르까노 알
에쎄나리오.
Me gustaría un asiento más cercano al
escenario.

전부 매진됐습니다.

에스따 아고따도, 로 씨엔또.
Está agotado, lo siento.

영어 자막이 나오나요?

띠엔네 숩띠뚤로스 엔 잉글레스?
¿Tiene subtítulos en inglés?

공연 시간은 얼마나 되나요?

꾸안또 띠엠뽀 두라 엘 에스뻭따꿀로?
¿Cuánto tiempo dura el espectáculo?

공연 관람 시
휴대폰은 꺼 주십시오.

뽀르 파보르, 아빠겐 수스 뗄레포노스 두란떼
엘 에스뻭따꿀로.
Por favor, apaguen sus teléfonos durante
el espectáculo.

마사지 받기

마사지를 받고 싶어요.

🎧 MP3 08-05

여행을 하면서 쌓인 피로를 푸는데, 마사지처럼 좋은 게 없다. 요즈음에는 발 마사지가 전신 마사지나 얼굴 마사지보다 가격도 저렴하고 지친 몸과 마음을 편하게 해주는데 효과적이어서 인기를 끌고 있다. 이곳저곳을 걸어 다녀야 하는 여행 도중 발 마사지를 받는 것도 자신에게 선사하는 특별한 선물이 될 것이다.

핵심
표현

끼에로 우 마사헤 엔 로스 삐에스.

Quiero un masaje en los pies.

재미로 보는 발 지압점!

발 마사지를 받는데, 유난히 아픈 곳이 있다면 아래 발 지압점 그림을 보고 자신의 상태를 체크해 보자!

① 머리	까베사	Cabeza
② 코	나리쓰	Nariz
③ 목	꾸에요	Cuello
④ 눈	오호스	Ojos
⑤ 귀	오레하스	Orejas
⑥ 폐	뿔몬	Pulmón
⑦ 어깨	옴브로	Hombro
⑧ 위	에스또마고	Estómago
⑨ 간	이가도	Hígado
⑩ 심장	꼬라손	Corazón
⑪ 소장	인떼스띠노	Intestino
⑫ 신장	리뇬	Riñón

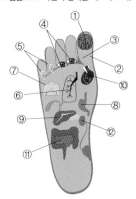

이 근처에 마사지숍이 있나요?

아이 우나 띠엔다 데 마사헤스 뽀르 아끼?

¿Hay una tienda de masajes por aquí?

양말을 벗어 주세요.

끼떼세 로스 깔쎄띠네스, 뽀르 파보르.

Quítese los calcetines, por favor.

이 정도 세기는 괜찮으세요?

에스따 비엔 에스따 쁘레시온?

¿Está bien esta presión?

좀 더 세게 해주세요.

운 뽀꼬 마스 푸에르떼, 뽀르 파보르.

Un poco más fuerte, por favor.

+PLUS
□ 약하게 운 뽀꼬 마스 수아베 Un poco más suave

아파요.

메 두엘레.

Me duele.

+PLUS
□ 편안해요. 에스또이 꼬모도. Estoy cómodo.
□ 더워요. 뗑고 깔로르. Tengo calor.
□ 추워요. 뗑고 프리오. Tengo frío.

거기는 하지 말아 주세요.

노 메 데 마사헤 아이, 뽀르 파보르.

No me dé masaje ahí, por favor.

* 스페인 볼거리 추천 *

플라멩코(Flamenco)

스페인 하면 제일 먼저 떠오르는 것 중 하나가 정열적인 집시들의 춤인 '플라멩코'이다. 스페인 남부 안달루시아(Andalucía) 지방에서 전통민요와 무용에 기타 반주가 어우러져 탄생한 플라멩코는 팔과 발의 우아한 동작이 특징이다. 손뼉을 치며 기타 반주에 맞춰 삶의 기쁨과 슬픔, 사랑과 미움, 애수와 정열을 주로 표현한다. 플라멩코는 19세기를 거치면서 플라멩코 카페를 중심으로 스페인 전역에서 사랑을 받게 되면서 지금도 극장식 식당인 타블라오(Tablao)에서 주로 밤에 공연한다.

세비야 여행 계획이 있다면 꼭! 플라멩코 박물관(Museo del Baile Flamenco)의 티켓을 예약해서 공연을 관람하자.

또한, 그라나다에서도 많은 사람이 플라멩코를 관람하는데, 집시들이 동굴에서 공연하는 이색적인 경험을 할 수 있다. 공연장의 동굴은 사크라몬테라고 불리는 집시 마을에서 집시들이 언덕의 경사면을 파고 동굴을 만들어 살았던 곳으로, 주로 시내 야경 관광과 함께 플라멩코를 즐길 수 있다.

축구경기 직접 관람하기

스페인 여행 도중 레알 마드리드나 FC 바르셀로나의 경기를 직접 홈구장에서 관람하는 것도 잊지 못할 추억이 될 것이다.

대행업체에서 입장권을 구입하면 수수료가 붙는 경우가 있기 때문에 구장에서 직접 사거나 구단 홈페이지를 통해서 구입하는 것이 가장 저렴하고 안전하다. 티켓값이 싸지는 않지만, 경기를 관람하고 나면 돈이 아깝지 않다는 생각이 들 정도로 스트레스 해소가 될 것이다.

Part 9

쇼핑할 때

매장에서
옷 구매하기
신발 구매하기
슈퍼마켓에서
계산하기
교환 및 환불하기

#슈퍼마켓에서는 뭘 살까?

매장에서

자라 매장은 몇 층이에요?

🎧 MP3 09-01

마드리드, 바르셀로나 등의 대도시에서의 쇼핑은 사실 한국과 큰 차이가 없다. 특히 쇼핑몰이나 백화점은 한국과 마찬가지로 세일 기간이 아니면 정찰제이기 때문에 가격 흥정은 이루어지지 않는다. 단, 외국 관광객을 상대로 하는 기념품 상점의 물건 가격은 실제 가격보다 매우 높게 책정되어 있으므로 부른 가격에서 어느 정도까지 흥정해도 어렵지 않게 살 수 있는 경우도 있다.

핵심
표현

엔 께 삐소 에스따 라 띠엔다 데 싸라?

¿En qué piso está la tienda de Zara ?

TIP

매장 미리보기

해외에 입점해 있는 해외 브랜드의 경우, 한국보다 값이 더 비싼 경우가 있다. 성수기가 아닌 경우에는 레스토랑, 카페, 기념품 가게를 제외한 대부분의 상점은 일요일에 영업을 하지 않는다. 토요일까지 쇼핑을 마치고 일요일엔 시내 관광을 하는 것이 현명하다.

의류, 신발	아디다스 Adidas 아디다스	우니끌로 Uniqlo 유니클로	나이끼 Nike 나이키	아체 이 에메 H&M 에이치앤엠
전자		아체뻬 HP 에이치피		아쁠 APPLE 애플
잡화	이께아 IKEA 이케아		꼬스꼬 COSTCO 코스트코	부츠 Boots 부츠

130

무엇을 도와드릴까요?

엔 께 뿌에도 아유다를레?
¿En qué puedo ayudarle?

엘리베이터는 어디에 있죠?

돈데 에스따 엘 아쎈소르?
¿Dónde está el ascensor?

기념품을 찾고 있는데요.

에스또이 부스깐도 레꾸에르도스.
Estoy buscando recuerdos.

차(tea)는 어디서 살 수 있죠?

돈데 뿌에도 꼼쁘라르 떼?
¿Dónde puedo comprar té?

유모차를 빌릴 수 있나요?

뿌에도 알낄라르 운 꼬체씨또 빠라 베베스?
¿Puedo alquilar un cochecito para bebés?

몇 시에 문을 닫나요?

아 께 오라 씨에란?
¿A qué hora cierran?

Part 9

쇼핑할 때

이 옷을 입어 봐도 돼요?

🎧 MP3 09-02

우리나라에도 매장이 있는 자라(Zara), 망고(Mango), 마시모 두띠(Massimo Dutti)는 스페인의 중저가 브랜드이다. 마드리드의 그란비아 거리, 살라망카 지구, 바르셀로나의 고딕 지구, 그라시아 거리와 같은 쇼핑 지역을 비롯해 스페인 전역에서 이 브랜드들을 만날 수 있다. 또한 우리나라에서 비싼 가죽 신발 캠퍼(Camper)도 스페인 브랜드이다. 한국과 가격 차이가 많이 나므로 스페인 여행을 하면서 가장 많이 쇼핑하는 브랜드이다.

핵심 표현

뿌에도 쁘로바르메 에스또?

¿Puedo probarme esto?

TIP

색깔의 종류

로호	나랑하	아마리요	베르데	아술	모라도
Rojo	Naranja	Amarillo	Verde	Azul	Morado
빨간색	주황색	노란색	초록색	파란색	보라색

로사	블랑꼬	네그로	그리스	베이헤	마론
Rosa	Blanco	Negro	Gris	Beige	Marrón
분홍색	흰색	검은색	회색	베이지색	갈색

원피스를 사려고 하는데요.

끼에로 꼼쁘라르 운 베스띠도.

Quiero comprar un vestido.

사이즈가 어떻게 되세요?

꾸알 에스 수 따야?

¿Cuál es su talla?

S 사이즈로 주세요.

데메 우노, 뻬께뇨.

Deme uno, pequeño.

탈의실은 어디예요?

돈데 에스따 엘 쁘로바도르?

¿Dónde está el probador?

너무 꽉 껴요.

메 께다 데마시아도 아후스따도.

Me queda demasiado ajustado.

다른 색상은 없나요?

띠에네 오뜨로 꼴로르?

¿Tiene otro color?

Part 9

쇼핑할 때

검은색 샌들을 찾고 있어요.

🎧 MP3 09-03

많은 여행객이 스페인에서 신발을 살 때 한국과는 다른 사이즈 표기 때문에 당황스러워한다. 사이즈 계산 방법을 익혀두자.

핵심
표현

에스또이 부스깐도 우나스 산달리아스 네그라스.

Estoy buscando unas sandalias negras.

TIP

01 신발 사이즈 계산 방법

호수는 0호부터 시작하고, 0호는 50mm인데 1호마다 5mm씩 더해진다.

호수 = 발 치수×2÷10-10 (🎧 발 치수가 235일 때 : 235×2÷10-10=37호)

신발 사이즈가 맞지 않은 경우:

- 한 치수 더 큰 거요.
  우나 따야 마스 그란데.
  Una talla más grande.

- 한 치수 더 작은 거요.
  우나 따야 마스 뻬께냐.
  Una talla más pequeña.

02 다양한 신발

사빠또스
Zapatos
구두

빤뚜플라스
Pantuflas
슬리퍼

사빠또스 데 따꼰 알또
Zapatos de tacón alto
하이힐

사빠띠아스
Zapatillas
운동화

보따스
Botas
부츠

플랫츠
Flats
단화

사이즈가 어떻게 되세요?

께 따야 우사 우스뗏?
¿Qué talla usa usted?

37호요.

미 따야 에스 라 뜨레인따 이 씨에떼.
Mi talla es la 37(treinta y siete).

앞쪽이 좀 껴요.

에스또스 싸빠또스 메 아쁘리에딴 엔 로스 데도스.
Estos zapatos me aprietan en los dedos.

굽이 너무 높네요.

로스 따꼬네스 쏜 무이 알또스.
Los tacones son muy altos.

이 신발은 잘 맞지 않네요.

에스또스 노 메 께단 비엔.
Estos no me quedan bien.

저 갈색 구두 좀
보여 주시겠어요?

뽀드리아 모스뜨라르메 에소스 싸빠또스 마로네스?
¿Podría mostrarme esos zapatos marrones?

망고는 얼마예요?

🎧 MP3 09-04

외국에 나가서 시장에 가 보면 그 나라의 정취를 느낄 수 있는데, 요즘엔 시장보다는 쇼핑몰을 선호하는 사람이 더 많은 듯하다. 현지 시장에는 그곳 특유의 정겨움과 활기가 가득한데, 시장 사람들과 대화를 하거나 물건을 흥정하는 재미도 느낄 수 있다. 시장이 불편하다면, 까르푸(Carrefour), 메르까도나(Mercadona), 엘 꼬르떼 잉글레스(El Corte Inglés) 등의 대형 마트를 이용하면 된다. 한국에서 마트를 이용하던 것과 크게 다르지 않기 때문에 장보기가 쉽다.

핵심
표현

꾸안또 발렌 로스 망고스?

¿Cuánto valen los mangos ?

TIP 다양한 과일

만다리나
Mandarina
귤

쁠라따노
Plátano
바나나

만사나
Manzana
사과

멜론
Melón
멜론

프레사
Fresa
딸기

삐냐
Piña
파인애플

쇼핑 카트는 어디에 있어요?

돈데 에스딴 로스 까리또스 데 꼼쁘라?
¿Dónde están los carritos de compra?

이 오렌지 달아요?

에스딴 둘쎄스 에스따스 나랑하스?
¿Están dulces estas naranjas?

맛봐도 되나요?

뿌에도 쁘로바르 에스또?
¿Puedo probar esto?

껍질은 벗겨서 주시겠어요?

뽀드리아 뻴라르멜로, 뽀르 파보르?
¿Podría pelármelo, por favor?

많이 사면 할인해 주나요?

아이 운 데스꾼엔또 씨 꼼쁘로 무초?
¿Hay un descuento si compro mucho?

덤으로 몇 개 더 주실 수 있나요?

뽀드리아 레갈라르메 우노스 마스?
¿Podría regalarme unos más?

계산하기

좀 싸게 해 주세요.

🎧 MP3 09-05

스페인 백화점이나 쇼핑몰은 정찰제 판매가 원칙이어서 물건 가격을 깎을 경우 망신을 당할 수 있지만, 시장이나 기념품 가게 등에서는 가격을 흥정해 볼 만하다. 특히 외국인에게는 물건값을 올려서 판매하는 경우가 있으므로, 부르는 대로 값을 지급하지 말고 적어도 세 군데 이상의 가게에 들러 가격을 비교해 본 후에 구매하는 것이 현명하다.

핵심
표현

데메 운 뽀꼬 데 데스꾸엔또, 뽀르 파보르.

Deme un poco de descuento, por favor.

스페인의 할인

할인, 세일을 스페인어로 '레바하스(Rebajas)'라고 하는데, 스페인 전역에서 일 년에 두 번 1월 6일~2월 29일, 7월 1일~8월 31일까지 세일 기간이 있다. 평균 정가의 50% 할인을 시작으로 세일 시작한 지 보름이 지나면 70% 이상의 대대적인 세일을 한다. 여행객들에게는 절호의 찬스이므로, 놓치지 말고 이용하자.

TIP: 택스프리 쇼핑(Tax-Free)을 이용하여 현명한 쇼핑을 하자.
소비가 가격에서 10%~15% 정도 할인을 받을 수 있다.

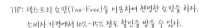

이걸로 주세요.

메 께도 꼰 에스또.
Me quedo con esto.

하나에 얼마예요?

꾸안또 에스?
¿Cuánto es?

너무 비싼데, 30유로로 어때요?

에스 무이 까로, 께 딸 뜨레인따 에우로스?
Es muy caro, ¿qué tal 30 euros?

지금 40% 할인 중입니다.

띠에네 운 꾸아렌따 뽀르 씨엔또 데 데스꾸엔또 엔 에스떼
모멘또.
Tiene un 40% de descuento en este
momento.

+PLUS
□ 퍼센트(%) 뽀르 씨엔또 por ciento

포장 좀 해주시겠어요?

멜 로 뽀드리아 엔볼베르, 뽀르 파보르?
¿Me lo podría envolver, por favor?

봉투 하나 더 주세요.

데메 우나 볼사 마스, 뽀르 파보르.
Deme una bolsa más, por favor.

반품을 하려고 하는데요.

 MP3 09-06

쇼핑을 마치고 대부분 숙소에 돌아와서 구매했던 물건을 다시 살펴볼 것이다. 이때 물건에 흠집이나 얼룩이 있거나 전자제품의 경우에는 제대로 작동이 안 될 수도 있다. 이럴 경우 교환이나 환불을 해야 하는데, 한국과 마찬가지로 영수증이 필요하다. 계산 시 영수증을 꼭 받아두고, 교환이나 환불하러 갈 때 반드시 영수증을 지참하자.

핵심 표현

끼에로 데볼베르 에스또.

Quiero devolver esto.

전자제품 A/S 받기

스페인에서 전자제품을 구매할 때는 대형마트나 백화점에서 사는 것이 비교적 안전하다. 스페인 국가 규정에 따라 소비자가 제품을 구입한 날부터 7일 이내에는 소비자의 요구에 따라 공급자는 환불, 교환, 수리를 하고, 수리는 반드시 30일 이내에 완료해야 한다. 또한, 소비자는 A/S가 되는 곳에서 정품을 구입하고, 구입 영수증과 A/S 보증서를 반드시 챙겨두는 것이 좋다.

- 애프터서비스   쎄르비씨오 뽀스벤따   Servicio posventa
- 고객 서비스   쎄르비씨오 데 아뗀씨온 알 끌리엔떼   Servicio de atención al cliente
- 품질 보증기간   뻬리오도 데 가란띠아   Período de garantía

- 내가 내일 아침에 애프터서비스 센터에 전화할 것이다.
  야마레 알 쎈뜨로 데 쎄르비씨오 뽀스벤따 마냐나 뽀르 라 마냐나.
  Llamaré al centro de servicio posventa mañana por la mañana.

- 이 제품은 아직 품질 보증기간 내에 있어서 공짜로 수리 받을 수 있다.
  또다비아 띠에네 가란띠아, 뽀르 로 께 쎄 뿌에데 아레글라르 데 포르마 그라뚜이따.
  Todavía tiene garantía, por lo que se puede arreglar de forma gratuita.

이거 교환할 수 있나요?

뽀드리아 깜비아르메 에스또 뽀르 파보르?
¿Podría cambiarme esto por favor?

무슨 문제가 있나요?

아이 알군 쁘로블레마?
¿Hay algún problema?

다른 사이즈로 바꿔 주시겠어요?

뽀드리아 깜비아르메 에스또 뽀르 오뜨로 따마뇨?
¿Podría cambiarme esto por otro tamaño?

이거 고장 났어요.

에스또 에스따 르또.
Esto está roto.

언제 구입하셨습니까?

꾸안도 꼼쁘로 에스또?
¿Cuándo compró esto?

영수증 가져오셨어요?

띠에네 수 레씨보?
¿Tiene su recibo?

* 슈퍼마켓에서는 뭘 살까? *

전 세계 어느 나라로 여행을 가든지 그곳의 슈퍼마켓에 가 보면 다양한 즐거움과 그 나라 특유의 분위기를 느낄 수 있다. 시간적인 여유가 있다면, 숙소 근처에 있는 슈퍼마켓에 들려서 귀국 선물을 장만해 보자.

- **만사니야 차(Té de manzanilla 떼 데 만사니야)**
  우리가 알고 있는 '캐모마일'이 스페인어로 '만사니야'다. 스페인의 국민차라 할 수 있는 만사니야 차의 효능은 거의 만병통치약 수준으로 소화불량, 불면증, 스트레스 해소 및 체중감량 등 효과를 나열하자면 끝이 없다.

- **뚜론(Turrón)**
  스페인에 가면 꼭 사 온다는 스페인의 대표적인 기념품은 '뚜론(Turrón)'이다. 스페인 발렌시아 지방의 전통 과자로 유럽에서는 누가와 비슷하다 하여 '스페인 누가'라고 부르기도 한다. 뚜론은 아몬드, 땅콩, 마카다미아 등의 견과류를 꿀에 넣어 단단하게 굳힌 캐러멜 과자다. 부드러운 것과 단단한 것 두 종류로 되어 있으며, 특히 스페인에서는 크리스마스 시즌에 서로에게 선물하며 즐겨 먹는 간식이다.

- **비올레따스(Violetas) 사탕**
  라 비올레따(La Violeta)는 마드리드의 오래된 사탕 가게다. 이 사탕 가게에서 판매하는 제비꽃 사탕(Violetas 비올레따스)은 제비꽃 에센스가 첨가되어서 보라색이고, 꽃잎이 5장 있는 제비꽃 모양이다. 마드리드 사람이라면 대부분 이 사탕을 먹거나 누군가에게 선물했다고 한다. 선물용으로 관광객들이 많이 사 간다.

● 사본(Sabon) 매장에서 스크럽 제품 구매하기

보디 스크럽 제품인 사본(Sabon)은 이스라엘 사해 소금과 아몬드, 호호바 오일이 혼합된 스크럽 제품이다. 한번 써본 사람은 재구매율 200%라고 한다. 우리나라에도 매장이 있지만, 스페인이 더 저렴하다.

● 마티덤 앰플(MartiDerm)

마티덤은 스페인의 약용 화장품 브랜드다. 피부과 의사, 약사 및 소비자가 선호하는 브랜드로 전 세계적인 스킨케어 제품이다. 여러 종류의 앰플이 있는데 가장 선호하는 것은 포토 에이지 비타민 앰플과 수분 앰플이라고 한다.

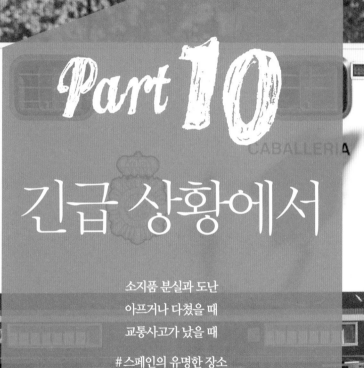

Part 10

긴급 상황에서

소지품 분실과 도난
아프거나 다쳤을 때
교통사고가 났을 때

#스페인의 유명한 장소

가방을 도둑맞았어요!

🎧 MP3 10-01

여행 중에 소지품을 잃어버릴 경우 다시 찾기가 무척 어렵다. 여권 분실 시 여권을 다시 만들어야 하므로 여행 전 여권 앞면 복사본과 여권용 사진 2장을 챙겨두자. 신용카드를 잃어버렸다면 즉시 은행에 분실 신고를 해야 한다. 여행자 보험에 가입한 경우, 귀중품 분실 시 부분적으로 보상을 받을 수 있는데, 경찰서에서 도난 증명서를 발급받아야 한다.

핵심 표현

메 안 로바도 엘 볼소!

¡Me han robado el bolso!

해외에서 여권 분실 시 대처 방법

만일 여권을 잃어버렸다면 곧바로 한국 대사관이나 영사관에 전화해서 상황을 설명하고 발급 절차를 밟아야 한다. 그리고 다른 사람이 여권을 도용하는 사건을 방지하기 위해, 될 수 있으면 여권 분실 24시간 이내에 신고하자.

❶ 현지 경찰서에 여권 분실 신고
현지 경찰서에 찾아가 신고서(Reporte policial 레뽀르떼 뽈리씨알)를 발급받아 작성한다.

❷ 대사관 및 영사관에서 여권 정지 및 재발급 신청
빠른 대처 : 현지 경찰서에 신고 → 주한 대사관 및 영사관에서 여권 정지 → 여권 재발급 신청
신청 서류 : 현지 경찰서에서 작성했던 신고서, 여권 사진 2매, 분실한 여권의 여권번호, 발급/만기일

❸ 외교부 영사 콜센터 전화하기
전화번호 : +82-2-3210-0404 (유료)
홈페이지 : www.0404.go.kr/callcenter/callcenter_intro.jsp

| 가방 안에 현금, 신용카드, 여권이 들어 있어요. | 엔 엘 볼소 뗑고 에펙띠보, 따르헤따스 데 끄레디또 이 미 빠사뽀르떼. |
| | En el bolso tengo efectivo, tarjetas de crédito y mi pasaporte. |

| 핸드폰을 잃어버렸어요. | 에 뻬르디도 미 뗄레포노 모빌. |
| | He perdido mi teléfono móvil. |

| 어디에서 잃어버리셨나요? | 돈데 로 아 뻬르디도? |
| | ¿Dónde lo ha perdido? |

| 어디에서 잃어버렸는지 모르겠어요. | 노 쎄 돈데 로 에 뻬르디도. |
| | No sé dónde lo he perdido. |

| 분실 신고서를 작성해 주세요. | 뽀르 파보르, 예네 에스떼 임포르메 데 뻬르디다 데 오브헤또스. |
| | Por favor, llene este informe de pérdida de objetos. |

| 찾으면 바로 연락 주세요. | 씨 로 엔꾸엔뜨라, 아가멜로 사베르 데 임메디아또. |
| | Si lo encuentra, hágamelo saber de inmediato. |

배탈 났어요.

해외여행을 갈 때는 상비약을 가져가는 게 좋다. 약국이나 병원에서 의사소통이 어려울 뿐만 아니라 증상에 맞는 약을 구하기가 쉽지 않기 때문이다. 평소에 복용하는 약이 있다면 잘 챙기고 설사약, 진통제, 소화제, 일회용 밴드 및 소독약 등도 잊지 말고 가져가자. 가벼운 감기에 걸렸거나 음식 때문에 발생하는 배탈, 설사 등은 굳이 병원에 가지 않아도 약국에서 해결할 수 있으므로 아래 핵심 표현을 잘 익혀두자.

핵심
표현

뗑고 돌로르 데 에스또마고.

Tengo dolor de estómago.

병원에서 통증을 설명하기

병원에서 얼마나 아픈지, 어떻게 아픈지의 증상들을 설명하는 표현들을 연습해보자.

■ 어떻게 아프세요? 꾸안또 레 두엘레? ¿Cuánto le duele?

예리하게 찌르는	돌로르 아구도	Dolor agudo
만성통증	돌로르 끄로니꼬	Dolor crónico
욱신욱신	돌로르 뿐산떼	Dolor punzante
묵직하게 아픈	돌로르 레베	Dolor leve
화끈거리는	돌로르 아르디엔떼	Dolor ardiente

■ 언제부터 아팠나요? 데스데 꾸안도 레 두엘레? ¿Desde cuándo le duele?

(2)시간 전부터	데스데 아쎄 (도스) 오라스	Desde hace (2) horas
(2)일 전부터	데스데 아쎄 (도스) 디아스	Desde hace (2) días
어제부터	데스데 아예르	Desde ayer
간헐적으로	아 베쎄스	A veces
지속적으로	꼰띠누아멘떼	Continuamente

어디가 불편하세요?

껠 레 두엘레?
¿Qué le duele?

설사를 해요.

뗑고 디아레아.
Tengo diarrea.

+PLUS
□ **콧물이 나요.** 메 살렌 모꼬스.
Me salen mocos.
□ **열이 나요.** 뗑고 피에브레.
Tengo fiebre.

여기가 아파요.

메 두엘레 아끼.
Me duele aquí.

아마 체한 것 같아요.

끄레오 께 뗑고 인디헤스띠온.
Creo que tengo indigestión.

+PLUS
□ **속이 메스꺼워요.** 메 씨엔또 아스께아도. Me siento asqueado.

하루에 몇 번 먹어요?

꾸안따스 베쎄스 알 디아 데보 또마를로?
¿Cuántas veces al día debo tomarlo?

하루에 세 번,
식후에 한 알씩 드세요.

또메 우나 삘도라, 뜨레스 베쎄스 알 디아 데스뿌에스 델
라 꼬미다.
Tome una píldora, tres veces al día
después de la comida.

교통사고가 났을 때 구급차 좀 빨리 불러주세요!

MP3 10-03

해외에서 큰 사고가 발생하면 즉시 구급차를 불러 병원으로 가야 하지만 부상 정도가 아주 심하지 않은 경우에는 먼저 아래의 긴급 연락처에 신고하는 게 낫다. 만일의 상황에 대비해 여행자보험을 드는 것도 좋은 방법이다.

핵심
표현

뽀르 파보르, 야메 우나 암블란씨아 라삐도!

¡Por favor, llame una ambulancia rápido!

TIP

해외 긴급 연락처!

- 스페인 긴급 연락처(경찰, 병원, 소방서) : 112
- 주한 스페인 대사관(서울) : +82-2-794-3581/82
- 주 라스팔마스 분관 : +34-928-230-699
- 주 스페인 한국문화원(마드리드) : +34-91-702-4550
- KOTRA 무역관(마드리드) : +34-91-556-6241
- 바르셀로나 영사협력원 : +34-654-309-051
- 주 스페인 대사관 주소 : C/ González Amigó 15, 28033 Madrid, España
- 공관 연락처 : +34-91-353-2000 (근무시간 : 월~금, 오전 9시~오후 6시)
  → 근무시간 외 긴급연락처 : +34-648-924-695 (주말, 공휴일, 야간)

사람 살려!	소꼬로! ¡Socorro!
경찰 좀 불러주세요!	뽀르 파보르, 야메 알 라 뽈리씨아! ¡Por favor, llame a la policía!
교통사고가 났어요.	아 아비도 운 악씨덴떼 데 뜨라피꼬. Ha habido un accidente de tráfico.
제 친구가 다쳤어요.	미 아미고 에스따 에리도. Mi amigo está herido.
그가 차에 치였어요.	아 씨도 골뻬아도 뽀르 운 아우또. Ha sido golpeado por un auto.
못 움직이겠어요.	노 뿌에도 모베르메. No puedo moverme.

* 스페인의 유명한 장소 *

스페인을 대표하는 마드리드와 바르셀로나의 쇼핑 장소를 소개한다. 우리에게 익숙한 스페인 브랜드 '마시모 두띠(Massimo Dutti), 자라(Zara), 망고(Mango), 캠퍼(Camper)'를 저렴한 가격에 구매할 수 있다.

■ 마드리드

● 그란비아(Gran vía)

그란비아 거리는 파리와 뉴욕을 모티브로 해서 계획된 마드리드 최고의 번화가다. 스페인 광장에서부터 산호세 성당까지 이어지는 약 1.3km 정도 되는 거리에 브랜드 매장, 기념품 및 명품가게, 백화점, 카페테리아, 레스토랑이 즐비하다. 스페인 광장, 마요르 광장, 솔 광장, 비벨레스 광장까지 그란비아 거리를 축으로 마드리드 구시가지가 펼쳐진다.

● 마드리드 아울렛 '라스 로사스'와 '스타일 아울렛'

'라스 로사스(Las Rozas)'는 마드리드 근교에 있는 명품 아울렛 매장이다. 라스 로사스가 명품 아울렛 매장이라면 '스타일 아울렛(Style Outles)'은 우리가 알고 있는 브랜드의 할인매장이다.

■ 바르셀로나

● 그라시아 거리(Passeig de Gràcia)
바르셀로나의 최대 번화가인 그라시아 거리는 가우디의 건축물도 볼 수 있고 많은 상점이 있어 여행자들이 항상 북적거리는 곳이다. 고가의 명품 가게와 대중적인 중저가 가게들이 다양하게 있다.

● 라 로카 빌리지(La Roca Village) : 유럽 최대 럭셔리 아울렛

바르셀로나에서 명품을 저렴하게 구입할 수 있는 절호의 찬스가 있다. 유럽 최대의 럭셔리 아울렛 중 하나인 라 로카 빌리지가 바르셀로나에서 약 40분 정도 거리에 있다. 전용 셔틀버스를 이용해야 하며, 가격은 성인 왕복 20유로, 아동은 10유로이다. 미리 티켓을 예매하면 모든 매장에서 10%의 할인권을 받을 수 있으며, 90유로 이상 구매한 경우 최대 15.7%의 텍스리펀(세금 환급)을 해준다고 한다. 그 외에 다양한 쇼핑 패키지가 있는데, 그 중 35유로 패키지의 경우, 왕복 셔틀 이용과 10% 할인 VIP 카드, 카사 바트요(Casa Batlló) 입장권이 포함된다. 다음의 사이트에서 패키지를 예약할 수 있다.

예약 사이트 : travel.larocavillage.com/en/guest-services/chic-travel/shop/packages

Part 11

귀국할 때

항공권 예매하기
항공권 예매 변경하기
탑승 수속하기
결항 및 비행기를 놓쳤을 때

#프랜차이즈 음식점

비행기 표를 예매하려고 하는데요.

🎧 MP3 11-01

해외여행을 갈 때는 일반적으로 왕복항공권을 구입하는데, 간혹 장기간 여행을 갈 때는 편도를 끊거나 돌아오는 항공편은 오픈티켓으로 가는 경우가 있다. 오픈티켓은 출국하기 2주일 전에 날짜를 결정해 해당 항공사에 출국일을 예약해야 한다. 이때 항공사나 여행사에 전화를 걸거나 직접 방문하여 아래 핵심 표현으로 자신감 있게 항공권을 예매해 보자.

핵심
표현

끼에로 레쎄르바르 운 부엘로.

Quiero reservar un vuelo.

비행기 표 구입 시 주의 사항!

비행기 표를 구입할 때 영문 이름을 사용하는데, 여권상의 영문 표기와 같아야 한다. 이 사실을 모르고 공항에 도착한 승객과 항공사 직원이 다투는 모습을 심심찮게 볼 수 있다. 영문 이름이 잘못 기재되었거나 여권 번호가 틀린 경우에는 간혹 비행기 탑승이 거부되는 경우가 있기 때문에 영문 표기에 주의를 기울이자.

Check! Check!
☑ 항공권 영문 이름 표기와 본인 여권의 영문 표기가 같은지 확인하기!
☑ 여권 번호를 맞게 썼는지 다시 한번 확인하기!
☑ 출발 날짜와 비행기 편명도 미리 확인하기!

비행기 표를 예약하시겠습니까?

끼에레 레쎄르바르 운 부엘로?
¿Quiere reservar un vuelo?

한국 인천으로 가는 비행기 표를 예약하려고 하는데요.

끼에로 레세르바르 운 부엘로 빠라 인천, 꼬레아 델 수르.
Quiero reservar un vuelo para Incheon, Corea del Sur.

언제 출발하길 원하세요?

꾸안도 데쎄아 빠르띠르?
¿Cuándo desea partir?

다음 주 수요일에 출발하는 편도 표요.

운 볼레또 데 이다 빠라 엘 쁘록씨모 미에르꼴레스, 뽀르 파보르.
Un boleto de ida para el próximo miércoles, por favor.

+PLUS
ㅁ 왕복 이다 이 부엘따 ida y vuelta

죄송합니다.
수요일에는 좌석이 없네요.

로 씨엔또, 노 아이 아씨엔또스 디쓰뽀니블레스 빠라 엘 쁘록씨모 미에르꼴레스.
Lo siento, no hay asientos disponibles para el próximo miércoles.

어느 편이 가장 싼가요?

께 부엘로 에스 엘 마스 바라또?
¿Qué vuelo es el más barato?

항공권 예매 변경하기

항공편을 변경하고 싶어요.

🎧 MP3 11-02

여행할 때 대부분은 돌아오는 표를 예약하고 가지만 갑자기 일이 생기거나 혹은 좀 더 머물고 싶어 비행기 표 예약을 변경해야 하는 경우가 있다. 한국에서 여행사를 통해 예약하고 발권을 한 경우에는 그 여행사의 한국 전화번호나 해당 국가의 지점으로 연락하면 된다. 항공사에서 직접 예약하고 발권한 경우에는 해당 국가에 있는 항공사 서비스센터(예약센터)에 연락해서 예약을 변경할 수 있다. 주의해야 할 점은 구매한 항공권이 어떤 종류인 지에 따라 변경할 수 없기도 하며 변경 시 추가 요금을 지급해야 하는 경우도 있다.

핵심
표현

끼에로 깜비아르 미 부엘로.

Quiero cambiar mi vuelo.

TIP

우리나라 항공사 서비스센터 연락처

국내 항공사는 어느 지역에서나 연락 가능한 서비스센터가 있는데, 스페인어 외에도 한국어 서비스를 제공하므로 긴장하지 말고 편하게 전화를 걸어도 된다.

- 대한항공 www.koreanair.com
  스페인: 900-973-533
- 아시아나항공 www.flyasiana.com
  스페인: +34-91-562-54-96

158

어떻게 바꾸시겠습니까?

꼬모 레 구스따리아 깜비아르?
¿Cómo le gustaría cambiar?

하루 늦게 출발하고 싶어요.

메 구스따리아 살리르 운 디아 데스뿌에스.
Me gustaría salir un día después.

출발 일을 8월 8일로
바꾸고 싶어요.

끼에로 깜비아르 라 페차 데 살리다 알 오초 데 아고스또.
Quiero cambiar la fecha de salida al 8
de agosto.

먼저 좌석이 있는지
알아보겠습니다.

뽀르 파보르, 데헤메 베르 씨 아이 아씨엔또스
디스뽀니블레스.
Por favor, déjeme ver si hay asientos
disponibles.

예약을 취소하고 싶은데요.

끼에로 깐쎌라르 미 레쎄르바.
Quiero cancelar mi reserva.

예약을 취소하면 수수료를
내야 하나요?

아이 우나 따리파 데 깐쎌라씨온?
¿Hay una tarifa de cancelación?

탑승 수속하기

이 물건들을 비행기에 가지고 탈 수 있나요? 🎧 MP3 11-03

전 세계 모든 공항이 그렇겠지만 비행 탑승 시 기내 반입을 제한하는 규정이 엄격하고 까다롭다. 가장 좋은 방법은 관련 자료를 통해 공항 수하물 규정을 사전에 숙지하고 짐을 잘 정리하여 공항으로 이동하는 것이다. 간혹 이런 규정을 잘 몰라서 수속이 지연되거나 탑승이 거부되기도 한다. 비행기 탑승 전까지 어떤 일이 발생할지 모르니 공항에는 최소 출발 2시간 전에 미리 도착하자.

핵심 표현

쎄 뿌에덴 예바르 에스또스 아르띠꿀로스 알 아비온?

¿Se pueden llevar estos artículos en el avión?

01 국제 공항 수하물 규정

❶ 무료 기내 휴대 수하물 : 부피 20×40×55cm, 전체 무게 7kg을 초과할 수 없음
(각 항공사 규정이 다소 차이가 나므로 항공권의 안내 참조)

❷ 무료 위탁 수하물 : 일반석 20kg(학생비자 소지자 30kg), 프레스티지석 30kg, 일등석 40kg

❸ 수하물 무게 초과 요금 : kg당 일반석 항공권 가격의 1.5%로 계산(항공사마다 규정이 다소 다름)

02 공항에서 출국 절차

• 이용할 항공사가 있는 터미널에 내린다.

공항 도착 ··· **항공사 탑승 수속** ··· **검역 검사** ··· **출국 심사** ··· **탑승구 도착, 탑승 대기**

• 항공권과 여권, 입국 시 작성한 출국 카드를 보여준다.

··· **비행기 탑승**

일행이십니까?

손 델 미스모 그루뽀?
¿Son del mismo grupo?

네, 일행입니다.

씨, 소모스 델 미스모 그루뽀.
Sí, somos del mismo grupo.

복도 쪽 좌석으로 주세요.

데메 운 아시엔또 알 라도 델 빠시요.
Deme un asiento al lado del pasillo.

+PLUS
ㅁ 창가쪽 알 라도 델 라 벤따니야 Al lado de la ventanilla

짐을 위에 올려 주세요.

뽀르 파보르, 뽕가 아끼 수 말레따 빠라 팍뚜라르.
Por favor, ponga aquí su maleta para facturar.

짐은 몇 개 부칠 수 있나요?

꾸안또스 에끼빠헤스 뿌에도 팍뚜라르?
¿Cuántos equipajes puedo facturar?

짐이 3kg 중량 초과입니다.

에스따 뜨레스 낄로스 뽀르 엔씨마 델 리미떼.
Está 3kg por encima del límite.

몇 시에 탑승을 시작하나요?

🎧 MP3 11-04

우리나라 공항에 도착하기 전까지 여행은 끝난 것이 아니다. 명절 기간이나 휴가철 또는 기상 악화로 인해 비행 자체가 결항되는 경우 등에는 항공관제, 몇몇 승객의 미탑승 등의 다양한 이유로 탑승과 이륙이 지연되는 경우가 자주 발생한다. 이럴 경우에는 대체 항공편을 빠르게 찾아야 한다. 원래 구매했던 항공사에 문의하거나, 표가 없을 경우에는 다른 항공권 예매 사이트를 통해 다시 비행기 표를 예매해야 한다. 시간의 여유가 있다면, 다음 날 출발 가능한 항공편을 알아보는 것도 좋은 방법이다.

핵심
표현

아 께 오라 엠삐에싼 아 엠바르까르?

¿A qué hora empiezan a embarcar?

TIP

항공편 지연 및 결항 관련

공항에서는 자주 안내 방송이 나오는데, 아래 단어를 미리 알고 가면 항공편 지연 방송인지 또는 결항에 대한 내용인지 추측할 수 있다.

- 기계 고장 　　　　　　 쁘로블레마스 데 만떼니미엔또 데 아에로나베스
　　　　　　　　　　 Problemas de mantenimiento de aeronaves
- 오늘 비행 취소 　　　 부엘로 깐쎌라도 Vuelo cancelado
- 대체 항공편 　　　　　 깜비오 데 아비온 Cambio de avión
- 기상 악화 　　　　　　 말 띠엠뽀 Mal tiempo
- 지연되다 　　　　　　 레뜨라사도 Retrasado
- 대합실 　　　　　　　 쌀라 데 에스뻬라 Sala de espera
- 무료 숙식 제공 　　　 알로하미엔또 이 꼬미다 그라띠스 Alojamiento y comida gratis
- 정시에 출발할 수 없습니다. 엘 아비온 노 쌀드라 아 띠엠뽀. El avión no saldrá a tiempo.

※ 출발 지연 안내 방송 예시

001편이 비행기 정비 때문에 지연되고 있습니다. 다음 공지가 있을 때까지 기다리시기 바랍니다.
엘 부엘로 쎄로 쎄로 우노 쎄 아 레뜨라사도 데비도 아 쁘로블레마스 데 만떼니미엔또 델 라 아에로나베. 에스뻬레 아스따 엘 쁘록씨모 아비소. El vuelo 001 se ha retrasado debido a problemas de mantenimiento de la aeronave. Espere hasta el próximo aviso.

지금부터 탑승 수속을
시작하겠습니다.

아오라 엠뻬싸레모스 아 엠바르까르.
Ahora empezaremos a embarcar.

비행기가 왜 아직 이륙을
안 하는 거죠?

뽀르 께 에스따 레뜨라사도 엘 데스뻬게?
¿Por qué está retrasado el despegue?

현재 항공관제탑의 이륙
허가를 기다리고 있는 중입니다.

에스따모스 에스뻬란도 라 아오또리싸씨온 델
데스뻬게 델 라 또레 데 꼰뜨롤 데 뜨라피꼬 아에레오.
Estamos esperando la autorización del
despegue de la torre de control de tráfico
aéreo.

비행기를 놓쳤어요.
다음 편에 자리가 있나요?

에 뻬르디도 미 부엘로. 아이 운 아씨엔또
디스뽀니블레 엔 엘 쁘록씨모 부엘로?
He perdido mi vuelo. ¿Hay un asiento
disponible en el próximo vuelo?

방법을 찾아 주실 수 있나요?

뽀드리아 아유다르메 아 엔꼰뜨라르 운 부엘로?
¿Podría ayudarme a encontrar un vuelo?

공항 내에 호텔이 있습니까?

아이 운 오뗄 엔 엘 아에로뿌에르또?
¿Hay un hotel en el aeropuerto?

* 프랜차이즈 음식점 *

우리에게 익숙한 맥도날드, KFC 등도 가 볼 수 있지만, 스페인의 새로운 프랜차이즈 음식점을 이용해 보는 것도 재미있는 경험이 될 것이다.

● **씨엔 몬따디또스(100 montaditos)**
스페인의 저렴한 맛집! 수요일과 일요일에는 생맥주는 물론 모든 안주가 1유로다. 100가지의 다양한 버거는 물론이고 맥주와 타파스를 즐길 수 있는 가성비 좋은 곳으로 평상시에도 맛있고 싼 곳이지만 특히, 수요일과 일요일에 한번 들러 1유로의 즐거움을 맛본다면 잊지 못할 여행이 될 것이다.

라 수레냐(Cervecería La Sureña)

● **라 수레냐(Cervecería La Sureña)**
맥주와 간단히 즐길 수 있는 안줏거리를 파는 스페인 프랜차이즈 맥주 가게이다. 선원 모자와 스트라이프 티의 유니폼이 인상적이다. 대낮부터 맥주를 즐기는 사람들을 보는 것은 스페인에서는 그리 이상한 일이 아니다.

● **바게트 샌드위치 전문점(Pans & Company)**
스페인어로 발음하면 '빤스엔꼼빠니'이다. 스페인식 바게트 샌드위치인 보까디요(bocadillo) 전문점이라 '보까떼리아(Bocatería)'라고도 한다. 스페인의 바게트는 겉은 바삭하고 속은 부드러운 것이 특징이다. 빤스엔꼼빠니의 대표적인 보까디요는 '베이컨 치즈 보까디요'이다. 맥도날드나 버거킹의 햄버거보다는 스페인의 보까디요를 맛보도록 하자.

베이컨 치즈 보까디요

산 미겔 시장(Mercado de San Miguel)

마드리드 시내 중심에 있는 산 미겔 시장을 둘러보면서 스페인 음식을 이것저것 먹어보는 것도 여행의 즐거움이 될 것이다. 지하철을 타고 솔 광장에 내려서 걸어가면 된다. 생선, 고기, 채소를 파는 대신 각각의 상점에서 술과 해산물로 만든 타파를 저렴한 가격에 판매하고 있다.

보께리아 시장(La Boqueria)

바르셀로나 람블라스 거리에 있는 보께리아 시장은 바르셀로나를 대표하는 시장이다. 모든 식자재들을 백화점처럼 깔끔하게 진열해 놓고 있어 형형색색의 과일과 채소, 과자와 초콜릿, 캔디들이 마치 모형물을 갖다 놓은 것 처럼 보인다.

선물용은 초콜릿 추천!

기본 표현

인사하기

MP3 12-01

올라! 께 딸?
¡Hola! ¿Qué tal?
안녕! 잘 지내니?

꼬모 에스딴 우스떼데쓰?
¿Cómo están ustedes?
모두 잘 지내시나요?

무이 비엔, 이 뚜?
Muy bien, y ¿tú?
매우 잘 지내, 너는?

비엔, 이 우스뗏?
Bien, y ¿usted?
잘 지내요, 당신은요?

부에노스 디아스!
¡Buenos días!
안녕하세요! (아침 인사)

부에나스 따르데스!
¡Buenas tardes!
안녕하세요! (오후 인사)

부에나스 노체스!
¡Buenas noches!
안녕하세요! (저녁 인사)

아디오스.
Adiós.
잘 가요(헤어질 때).

아스딸 루에고.
Hasta luego.
다음에 만나요.

아스따 마냐나.
Hasta mañana.
내일 봐요.

꼬모 에스따?
¿Cómo está?
어떻게 지내요?

무이 비엔.
Muy bien.
매우 잘 지내요.

마스 오 메노스.
Más o menos.
그럭저럭 지내요.

그라씨아스.
Gracias.
감사합니다.

데 나다.
De nada.
천만에요.

무차스 그라씨아스.
Muchas gracias.
대단히 감사합니다.

노 아이 데 께.
No hay de qué.
천만에요.

로 시엔또.
Lo siento.
미안합니다. (유감입니다.)

노 임뽀르따.
No importa.
괜찮습니다.

삐르돈!
¡Perdón!
죄송합니다!

자기소개하기

♪ MP3 12-02

꼬모 쎄 야마?
¿Cómo se llama?
이름이 뭐예요?

무초 구스또.
Mucho gusto.
처음 뵙겠습니다.

메 야모 다니엘.
Me llamo Daniel.
제 이름은 다니엘입니다.

엔깐따도.
Encantado.
만나서 반가워요.

아 수스 오르데네스.
A sus órdenes.
잘 부탁드려요.

데 돈데 에스 우스뗏?
¿De dónde es usted?
당신은 어느 나라 사람이에요?

데 돈데 비노?
¿De dónde vino?
어디에서 오셨어요?

쏘이 데 꼬레아.
Soy coreano.
저는 한국인입니다.

비네 데 세울, 꼬레아.
Vine de Seúl, Corea.
저는 한국, 서울에서 왔습니다.

꼬레아
 Corea
한국

에스빠냐
 España
스페인

에스따도스 우니도스
 Estados Unidos
미국

잉글라떼라
Inglaterra
영국

세울
 Seúl
서울

마드릿
 Madrid
마드리드

와싱똔
 Washington
워싱턴

론드레스
 Londres
런던

꾸알 에스 수 쁘로페씨온?
¿Cuál es su profesión?
무슨 일을 하세요? (직업)

쏘이 ▨.
Soy ▨.
▨ 입니다.

에스뚜디안떼
estudiante
학생

엠쁠레아도
empleado
회사원

아마 데 까사
ama de casa
가정주부

쁘로페소르
profesor
선생, 교수

뻬리오디스따
periodista
기자

아보가도
abogado
변호사

돈데 뜨라바하?
¿Dónde trabaja?
어디에서 일을 하세요?

에스또이 뜨라바한도 엔 ▨.
Estoy trabajando en ▨.
▨ 에서 일합니다.

우나 아헨씨아 데 비아헤스
una agencia de viajes
여행사

우나 에쓰꾸엘라
una escuela
학교

우나 엠쁘레사
una empresa
회사

운 오스삐딸
un hospital
병원

운 레스따우란떼
un restaurante
레스토랑

171

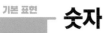

쎄로 cero 0	우노 uno 1	도스 dos 2	뜨레스 tres 3	꾸아뜨로 cuatro 4	씽꼬 cinco 5
쎄이스 seis 6	씨에떼 siete 7	오초 ocho 8	누에베 nueve 9	디에스 diez 10	온쎄 once 11
도쎄 doce 12	뜨레쎄 trece 13	까또르쎄 catorce 14	낀쎄 quince 15	디에씨세이스 dieciséis 16	디에씨시에떼 diecisiete 17
디에씨오초 dieciocho 18	디에씨누에베 diecinueve 19	베인떼 veinte 20	뜨레인따 treinta 30	꾸아렌따 cuarenta 40	씽꾸엔따 cincuenta 50
세쎈따 sesenta 60	세뗀따 setenta 70	오첸따 ochenta 80	노벤따 noventa 90	씨엔 cien 100	밀 mil 1000

화폐

> 꾸안또 에스?
> ## ¿Cuánto es?
> 얼마예요?

> 무이 까로, 운 데스꾸엔또, 뽀르 파보르.
> ## Muy caro, un descuento, por favor.
> 너무 비싸네요, 좀 싸게 해주세요.

● 스페인의 화폐 단위 '유로(에우로 euro)'

EU(European Union: 유럽연합)의 단일화폐의 명칭으로 1999년부터 유통되기 시작했다. 유로화를 사용하는 이들 국가들을 '유로랜드, 유로존'이라고 한다. 유로화 지폐는 모두 7가지(5, 10, 20, 50, 100, 200, 500유로)이며, 유럽의 다양한 나라 가 함께 쓰는 화폐이기 때문에 특정 나라의 인물 초상이 없고 건축물의 그림이 있다.

● 지폐 (billete 비예떼)

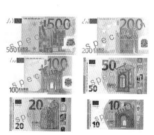

5€	cinco euros 씽꼬 에우로스
10€	diez euros 디에스 에우로스
20€	veinte euros 베인떼 에우로스
50€	cincuenta euros 씽꾸엔따 에우로스
100€	cien euros 씨엔 에우로스
200€	doscientos euros 도스씨엔또스 에우로스
500€	quinientos euros 끼니엔또스 에우로스

● 동전 (moneda 모네다)

1	un céntimo 운 쎈띠모
2	dos céntimos 도스 쎈띠모스
5	cinco céntimos 씽꼬 쎈띠모스
10	diez céntimos 디에스 쎈띠모스
20	veinte céntimos 베인떼 쎈띠모스
50	cincuenta céntimos 씽꾸엔따 쎈띠모스
1€	un euro 운 에우로
2€	dos euros 도스 에우로스

시간

스페인어로 시간 말하기

스페인어로 시간을 물을 때는 언제나 "¿Qué hora es?(께 오라 에스?)"라고 한다. 대답할 때는 1시일 때는 "Es la una.(에슬 라 우나)", 2시 부터는 동사 son을 써서 "Son las dos.(손 라스 도스)"가 된다.

> 15분은
> cuarto(꾸아르또),
> 30분은 media(메디아)를
> 쓴다.

께 오라 에스?

¿Qué hora es?

지금 몇 시예요?

에슬 라 우나 이 꾸아르또.

Es la una y cuarto.

1시 15분입니다.

손 라스 도스 이 메디아.

Son las dos y media.

2시 반입니다.

정각은 en punto(엔 뿐또)를 쓴다. 시간과 분 사이에는 y(이)를 쓰고 '몇 분 전'이라고 할 때는 menos(메노스)를 쓴다. 예를 들어 9시 50분인 경우에는 10시 10분 전이라고 말하는 것이 일반적이다. 또한 주로 12시간 시계 위주로 말하기 때문에 '오전/오후/밤'을 표현하기 위해서 'de la mañana(델 라 마냐나)/de la tarde(델 라 따르데)/de la noche(델 라 노체)'를 쓴다.

손 라스 누에베 엔 뿐또.

Son las nueve en punto.

9시 정각입니다.

손 라스 디에스 메노스 디에스 델 라 노체.

Son las diez menos diez de la noche.

밤 10시 10분 전입니다.

아 께 오라 ~?

¿A qué hora~?

몇 시에 ~합니까?

알 라 우나

a la una

1시에

알 라스 도스

a las dos

2시에

아 께 오라 예가모스 알 오뗼?

¿A qué hora llegamos al hotel?

몇 시에 호텔에 도착합니까?

예가모스 알 라스 씽꼬 델 라 따르데.

Llegamos a las 5 de la tarde.

오후 5시에 도착합니다.

씽꾸엔따 이 씽꼬
cincuenta y cinco
55분

엔 뿐또
en punto
정각

씽꼬
cinco
5분

씽꾸엔따
cincuenta
50분

디에스
diez
10분

라스 온쎄
las once
11시

라스 도쎄
las doce
12시

라 우나
la una
1시

라스 디에스
las diez
10시

라스 도스
las dos
2시

꾸아렌따 이 씽꼬
cuarenta y cinco
45분

라스 누에베
las nueve
9시

라스 뜨레스
las tres
3시

꾸아르또
cuarto
15분

라스 오초
las ocho
8시

라스 꾸아뜨로
las cuatro
4시

라스 씨에떼
las siete
7시

라스 쎄이스
las seis
6시

라스 씽꼬
las cinco
5시

꾸아렌따
cuarenta
40분

뜨레인따 이 씽꼬
treinta y cinco
35분

메디아
media
30분

베인띠씽꼬
veinticinco
25분

베인떼
veinte
20분

인용 자료

Part 1

은행, 약국, 슈퍼마켓, 백화점 www.shutterstock.com
환전소 blog.naver.com/planbcn/221111601240   p.13
메뉴판 www.elconfidencial.com/empresas/2015-03-18/el-dueno-de-100-montaditos-entra-en
    -bancarrota-en-estados-unidos_730113   p.14

Part 4

버스 www.shutterstock.com   p.60~61
몬주익 공동묘지 uskidsknow.egloos.com/4128488   p.68
백설공주의 여왕이 살던 성 m.segye.com/view/20151019003627
투머로우랜드 yacho44.egloos.com/11170986   p.69

Part 8

플라멩코 박물관 홈페이지 www.flamencotickets.com   p.122
플라멩코 박물관 공연 www.shutterstock.com   p.126
레알 마드리드 경기, FC 바르셀로나 경기 www.shutterstock.com   p.127

Part 9

비올레따스 사탕 www.madrideasy.com/tag/violeta-candy   p.142
사본 www.villup.com/en/shop/sabon
마티덤 앰플 narrshop.com/mall/view/goodsNo/1629289/categoryNo/13965/pageNo/8   p.143

Part 10

라스 로사스 아울렛 www.mylittleadventure.com/best-things/madrid/tours/designer- outlet-las-
    rozas-village-madrid-bus-tour-HLAdVfcn7U
스타일 아울렛 www.distribucionactualidad.com/cinco-style-outlets-y-un-destino-para-el-
    turismo-de-compras   p.152

Part 11

씨엔 몬따디또스 www.ahorradoras.com/2014/04/montaditos-a-1e
라 수레나 efectocomunicacion.com/portfolio-item/cerveceria-la-surena
바게트 샌드위치 전문점 www.rocaestudio.com/portfolios/pans-pizarras   p.164

※위에 언급하지 않은 자료들은 저작자나 출판사가 저작권을 가지고 있습니다.

개인 정보

이름

생일

국가

전화번호

여권 정보

영문 이름

여권 번호

여권 발행일

여권 만료일

Note

나의 여행 메이트(핸드북)

¡Que tengas un buen viaje!

Have a nice trip!

여행 장소 _____

여행 기간 _____

3

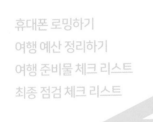

휴대폰 로밍하기
여행 예산 정리하기
여행 준비물 체크 리스트
최종 점검 체크 리스트

휴대폰 로밍하기

01 통신사 해외 로밍

요즘은 별도의 해외 로밍 신청 없이도 자동으로 로밍이 가능한데, 불가능한 휴대폰도 있을 수 있으므로 통신사에 전화해 물어보는 것이 안전하다. 또한, 통신사마다 다양한 로밍 상품을 판매하므로 자신이 사용하는 통신사 고객센터로 전화하거나 홈페이지에 들어가 확인하면 된다. 로밍 신청은 출발하는 당일 공항의 로밍 센터에서도 역시 가능하다.

자동 로밍이 되지 않길 원하면 통신사에 미리 신청해 차단하거나 휴대폰에서 '데이터로밍 차단 설정'을 하면 된다.

통신사	로밍 전문 고객센터 전화번호
SK	02-6343-9000
KT	1588-0608
LG유플러스	02-3416-7010

02 스페인 선불 유심카드(★ 가장 추천하는 방법)

유심 카드를 구매해 사용하는 것이 제일 저렴한 방법이다. 스페인에서 공항이나 시내의 휴대폰 대리점에 가서 구매 가능하다. 대표 통신사로는 'vodafone'과 'Orange' 등이 있다.

03 포켓 와이파이

해외 여행을 갈 경우에 제일 많이 이용하는 방법 중 하나이다. 여러 명이 함께 여행 가서 인터넷을 사용할 때 특히 편리하다.

6

여행 예산 정리하기

숙소

합계 :

식비

합계 :

교통

합계 :

기타

합계 :

Memo

여행 준비물 체크 리스트

• 필수품들	Check!
ex) 여권, 환전한 돈 등	

• 생활 필수품	
ex) 치약, 칫솔, 비상약 등	

• 의류 및 기타	
ex) 잠옷, 운동화, 선글라스	

• 여행 용품	
ex) 지도, 가이드북 등	

★ 가져 가면 좋을 것들!

① 비상약 : 소화제, 지사제, 일회용 밴드 등은 가급적 챙겨 가는 것이 좋다.

② 신용카드 : 현금이 부족한 상황이 발생할 수 있으므로 해외에서도 사용 가능한 카드를 가져 가는 것이 좋다.

③ 휴지 및 물티슈 : 공중화장실에 휴지가 없는 경우가 많기도 하고, 길거리 음식을 먹다 흘릴 수 있기 때문에 챙겨 가면 좋다.

최종 점검 체크 리스트

□ 여권
출입국 시 반드시 필요하므로 출발하기 전에 다시 한번 점검하자.

□ E-ticket
사실 여권만 있어도 문제는 없으나 간혹 E-ticket을 보여달라고 하는 상황이 생기므로 출력해 챙겨두자.

□ 서류
만일의 사태를 대비해 여권 복사본, 호텔 예약서 등을 준비하자.

□ 여권 만료일
스페인은 무비자 체류 기간이 90일이므로, 여권 만료일이 남아있어야 한다.

□ 휴대용 배터리
휴대용 배터리를 챙겨가면, 휴대폰뿐만 아니라 노트북 등 충전이 용이하다.

□ 충전기
휴대폰 충전기나 연결 가능한 어댑터도 챙기자.

□ 유로화
국내 은행에서 미리 환전해 가는 게 가장 환율이 좋고 안전하다.

□ 필기도구
입국 관련 서류를 작성하거나 메모할 때 볼펜이 생각보다 자주 필요하므로 하나 챙기는 것이 좋다.

□ 보조 가방
여권이나 귀중품, 휴지 등 소지품을 넣고 다니기에 좋다.

※ 휴대용 배터리는 수하물로 부칠 수 없으므로 꼭 기내에 가지고 탑승하자.

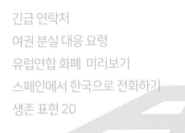

긴급 연락처

스페인 내 주요 긴급 전화번호
- 긴급 신고(경찰, 병원, 소방서): 112

주 스페인 대한민국 대사관
- 근무 시간 : +34-91-353-2000
- 근무 시간 외 : +34-648-924-695

카드 분실 신고 전화번호
- KB국민카드 : +82-2-6300-7300
- 하나카드 : +82-1800-1111
- 우리카드 : +82-2-6958-9000
- 신한카드 : +82-1544-7000
- 롯데카드 : +82-2-1588-8300
- 삼성카드 : +82-2-2000-8100

※ 카드 분실 신고는 전화, 홈페이지, 스마트폰 어플 등을 통해서 가능하다.

스페인 내 항공사 서비스센터
- 대한항공 : 900-973-533   www.koreanair.com
- 아시아나항공 : +34-91-562-54-96   www.flyasiana.com

※ 스페인 국가번호는 +34이다.

여권 분실 대응 요령

마드리드 소재 주스페인대사관에서 임시여권 발급.

① 대사관 주소

Calle González Amigo, 15, Madrid

② 가는 방법

- 지하철 : 4호선 Arturo Soria 역에서 하차 후 Plaza de Castilla 방향의 버스 70번에 탑승하여 Arturo Soria con Anastro 정류장(4~5번째 정류장, Arturo Soria 246번지)에서 하차.
- 버스 : Plaza de Castilla 광장역(지하철 1,9,10호선)에 도착후 Arturo Soria 방향의 버스 70번에 탑승하여 Arturo Soria con Anastro 정류장(Arturo Soria 249번지)에서 하차
  - 상기와 같이 하차 후 부근 Pepitos Restaurante 건물을 끼고 González Amigo 길(입구에 대사관 안내 표지판 있음)로 들어오시면 대사관에 도착

③ 접수 시간

월~금 09:00~14:00, 16:00~17:00(7~8월은 09:00~14:00).

④ 접수 준비물

- 별도 구비서류 없음(신분증 제시 불요).
- 임시여권 발급 수수료, 사진 촬영비(대사관 내 즉석사진촬영 가능) 등 약 20유로 필요(현금만 가능, 카드결제 불가).

⑤ 주의사항

- 신청자 본인이 반드시 직접 대사관 발급.
- 여권발급시간은 약 2시간 이내.
- 여권 분실자의 경우 재발급 전 육로를 통해서만 이동 가능(기차 및 버스 이용).

유럽연합 화폐 미리보기

● **지폐 (billete 비예떼)**

5€   cinco euros 씽꼬 에우로스
10€   diez euros 디에스 에우로스
20€   veinte euros 베인떼 에우로스
50€   cincuenta euros 씽꾸엔따 에우로스
100€   cien euros 씨엔 에우로스
200€   doscientos euros 도스씨엔또스 에우로스
500€   quinientos euros 끼니엔또스 에우로스

● **동전 (moneda 모네다)**

1   un céntimo 운 쎈띠모
2   dos céntimos 도스 쎈띠모스
5   cinco céntimos 씽꼬 쎈띠모스
10   diez céntimos 디에스 쎈띠모스
20   veinte céntimos 베인떼 쎈띠모스
50   cincuenta céntimos 씽꾸엔따 쎈띠모스
1€   un euro 운 에우로
2€   dos euros 도스 에우로스

스페인에서 한국으로 전화하기

01 로밍 휴대폰 이용해 전화하기!

① 일반 전화로 걸 때

국가 번호(82) 누르고 ···▶ 지역 번호의 0을 뺀 상대방 전화번호 입력!

㉎ 서울(02)의 888-8888로 전화를 거는 방법은?

+82-2-888-8888

② 휴대폰으로 걸 때

국가 번호(82) 누르고 ···▶ 앞의 0을 뺀 상대방 전화번호 입력!

㉎ 010-8888-8888로 전화를 거는 방법은?

+82-10-8888-8888

※스페인 현지에서 현지로 전화를 걸 때는 지역번호 또는 식별번호 누르고 → 상대방전화
번호 입력!

02 와이파이를 이용해 전화하기

내가 이용하는 휴대폰이 스마트폰이라면 다양한 어플을 사용해 전화하거나 메시지를 전송할 수 있다. 와이파이가 제공되는 장소에서 이용하면, 무료로 이용할 수 있고 유심칩을 구매했다면 장소에 제한을 받지 않고 연락을 주고 받을 수 있다. 추천 어플로는 카카오톡, 라인, 위챗이 있다.

생존 표현 20

고마워요.
Thank you.

그라씨아스.
Gracias.

미안해요.
I'm sorry.

로 시엔또.
Lo siento.

제 이름은 ~예요.
My name is ~.

메 야모 ~.
Me llamo~.

저 스페인어 못해요.
I can't speak Spanish.

노 뿌에도 아블라르 에스빠뇰.
No puedo hablar español.

못 알아 듣겠어요.
I don't understand.

노 엔띠엔도.
No entiendo.

뭐라고요?

Pardon me?

삐르돈?

¿Perdón?

다시 한번 말씀해 주세요.

Say it again please.

디가멜로 오뜨라 베쓰, 뽀르 파보르.

Dígamelo otra vez, por favor.

화장실은 어디예요?

Where is the restroom?

돈데 에스따 엘 바뇨?

¿Dónde está el baño?

지하철역은 어떻게 가요?

How can I get to
the subway station?

꼬모 뿌에도 이르 알 라 에스따씨온
데 메뜨로?

¿Cómo puedo ir a la
estación de metro?

사진 좀 찍어주시겠어요?

Would you please
take my pictures?

뿌에데 또마르메 우나 포또?

¿Puede tomarme una foto?

생존 표현 20

이거 얼마예요?
How much is it?

꾸안또 에스?
¿Cuánto es?

할인해 주세요.
Could you give me
a discount?

데메 운 데스꾸엔또 뽀르 파보르
Deme un descuento, por
favor.

포장 좀 해주시겠어요?
Could I get that
wrapped, please?

멜 로 뽀드리아 엔볼베르, 뽀르
파보르?
¿Me lo podría envolver,
por favor?

아니요, 고맙습니다.
No, thanks.

노, 그라씨아스.
No, gracias.

좋아요.
Okay.

발레!
¡Vale!

메뉴판 주세요.
Could you give me
the menu, please?

데메 엘 메누, 뽀르 파보르.
Deme el menú, por favor.

이거 주세요.
I'll have this, please.

메 께도 꼰 에스또.
Me quedo con esto.

영수증 주세요.
Give me a receipt, please.

데메 엘 레씨보, 뽀르 파보르.
Deme el recibo, por favor.

좋아요. (괜찮아요.)
That's okay.

에스따 비엔.
Está bien.

안 돼요.
I'm afraid not.

메 떼모 께 노
Me temo que no.

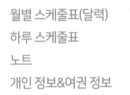

월별 스케줄표(달력)

하루 스케줄표

노트

개인 정보&여권 정보

MONTH

요일													
계획													

Mon	Tue	Wed	Thu

Fri	Sat	Sun	Check

MONTH

요일											
계획											

Mon	Tue	Wed	Thu

Fri	Sat	Sun	Check

Day 01

날짜

목적지

가는 방법

가서 해야 할 일

가서 사야 할 것

가서 먹을 것

하루 스케줄

오전   해야 할 일

오후   해야 할 일

예산 한도

지출 내역

Day 02

날짜

목적지

가는 방법

가서 해야 할 일

가서 사야 할 것

가서 먹을 것

하루 스케줄

오전 　　　　　　해야 할 일

오후 　　　　　　해야 할 일

예산 한도

지출 내역

Day 03

날짜

목적지

가는 방법

가서 해야 할 일

가서 사야 할 것

가서 먹을 것

하루 스케줄

오전   해야 할 일

오후   해야 할 일

예산 한도

지출 내역

Day 04

날짜

목적지

가는 방법

가서 해야 할 일

가서 사야 할 것

가서 먹을 것

하루 스케줄

오전   해야 할 일

오후   해야 할 일

예산 한도

지출 내역

Day 05

날짜

목적지

가는 방법

가서 해야 할 일

가서 사야 할 것

가서 먹을 것

하루 스케줄

오전   해야 할 일

오후   해야 할 일

예산 한도

지출 내역

Note

_____

_____

_____

_____

_____

_____

_____

_____

_____

_____